Por que não, afinal?

Uma introdução à Daseinsanalyse

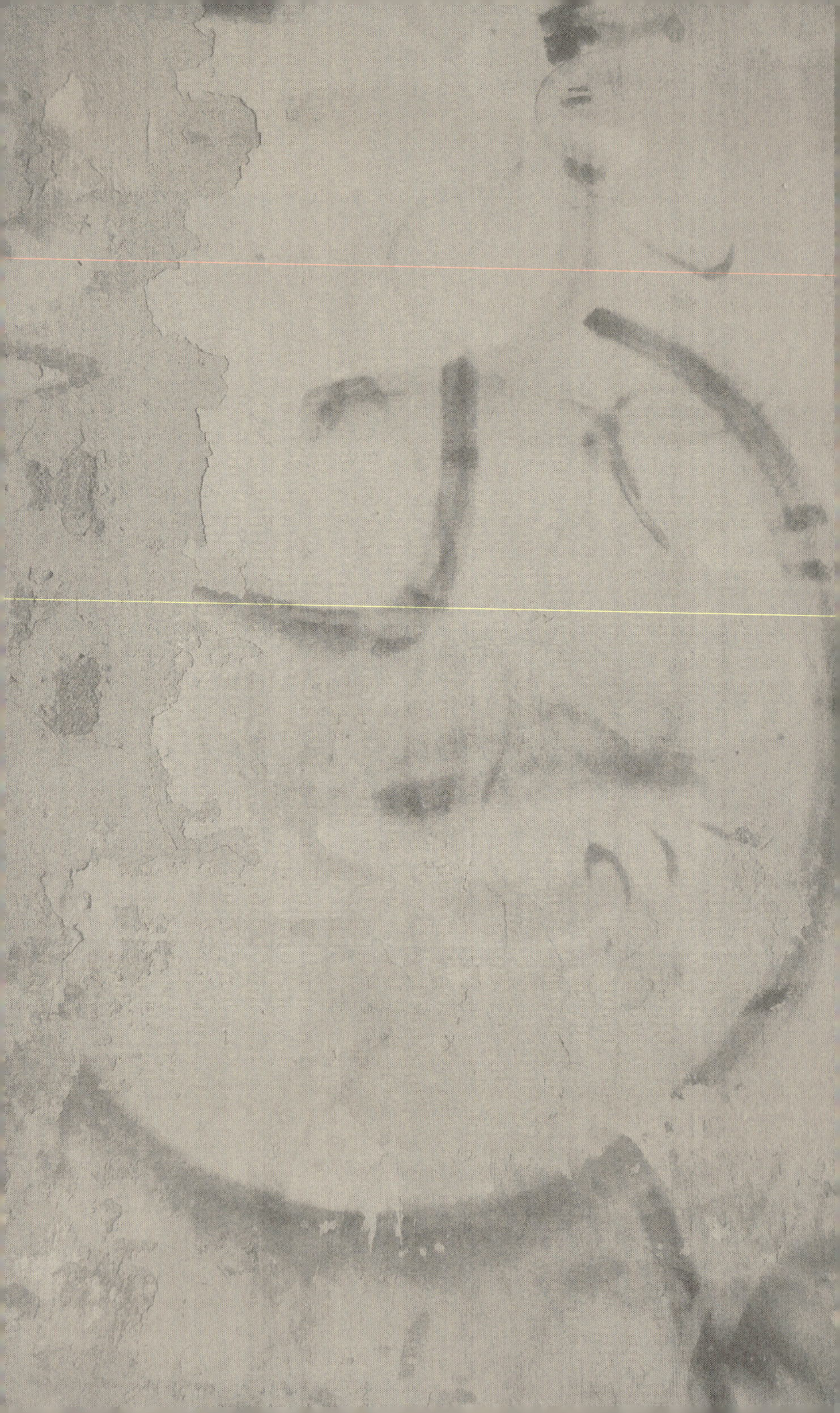

Miles Groth

Por que não, afinal?

Uma introdução à Daseinsanalyse

Artesã

Por que não, afinal? Uma introdução à Daseinsanalyse

DIRETOR
Alcebino Santana

TRADUÇÃO
Paulo Eduardo R. A. Evangelista

REVISÃO
Carla Isabel Post

CAPA
Michelle Guimarães El Aouar

IMAGEM DE CAPA
Miles Groth

PROJETO GRÁFICO E DIAGRAMAÇÃO
Conrado Esteves

G881 Groth, Miles.

Por que não, afinal? : uma introdução à Daseinsanalyse / Miles Groth ; tradutor: Paulo Eduardo Rodrigues Alves Evangelista. – Belo Horizonte : Artesã, 2023.

208 p. ; 21 cm

ISBN: 978-85-7074-094-6

1. Psicoterapia. 2. Terapia existencial. 3. Psicologia existencial. 4. Psicologia fenomenológica. I. Evangelista, Paulo Eduardo Rodrigues Alves. II. Título.

CDU 159.9.019

Catalogação: Aline M. Sima CRB-6/2645

IMPRESSO NO BRASIL
Printed in Brazil

(31)2511-2040 (31)99403-2227
www.artesaeditora.com.br
Rua Rio Pomba 455, Carlos Prates - Cep: 30720-290 | Belo Horizonte - MG
/artesaeditora

Sumário

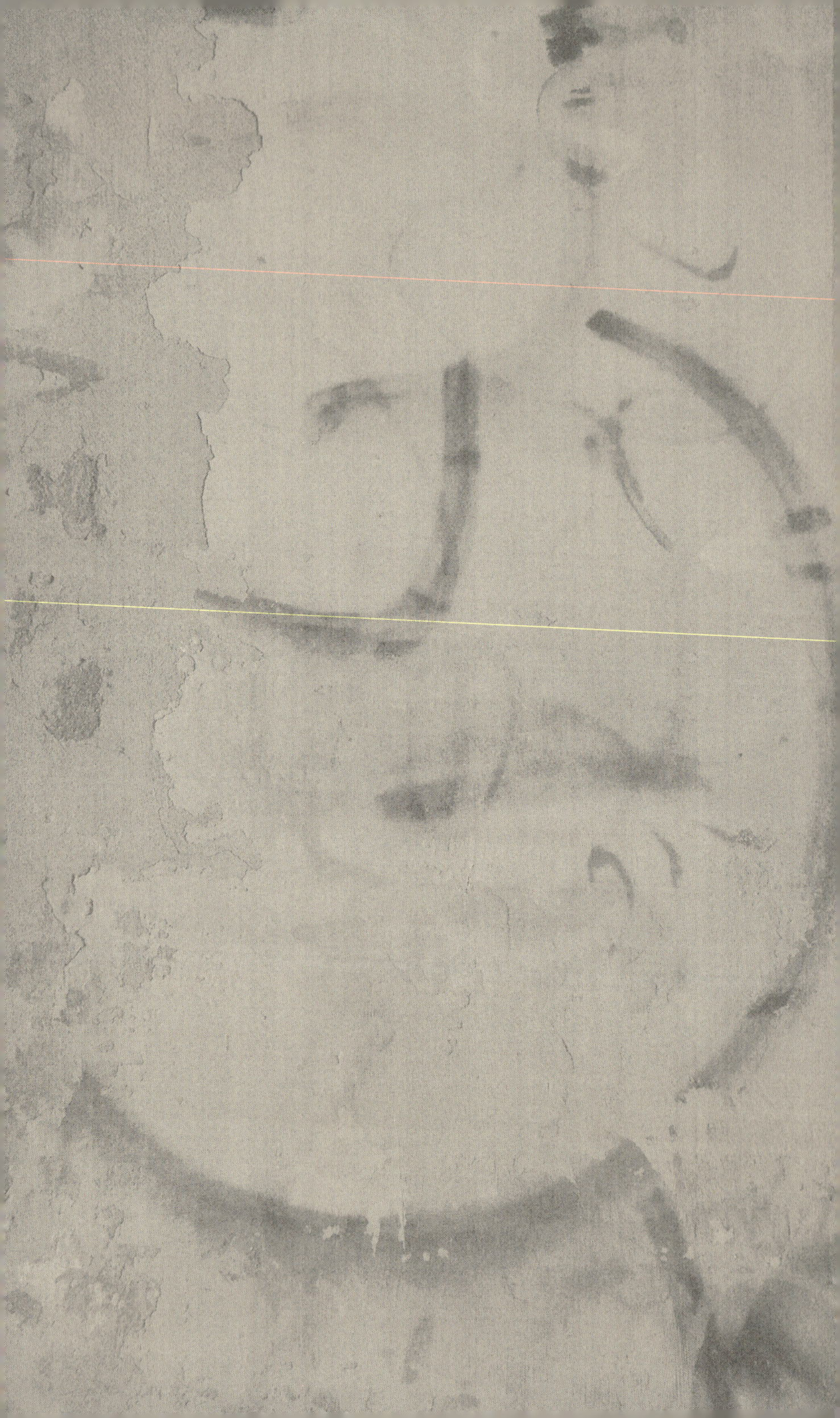

Prefácio

Fico satisfeito em saber que seis dos meus trabalhos estão sendo disponibilizados no Brasil em traduções para o português. É especialmente apropriado, uma vez que o fundador da Daseinsanalyse terapêutica, Medard Boss, trouxe nossa abordagem da terapia para o Brasil muito antes de sua importância ser registrada na América do Norte. No Brasil, um programa de preparação para a Daseinsanalyse floresce mais que em qualquer outro lugar, e alguns dos trabalhos mais criativos ocorreram entre os daseinsanalistas de lá, incluindo especialmente sua aplicação no trabalho com crianças.

Os artigos aqui recolhidos, soberbamente traduzidos e editados para publicação por Paulo Evangelista, abrangem cerca de vinte e cinco anos (1990-2014). Estou certo de que agora, trinta e cinco anos depois de ter escrito o *primeiro* deles, eu formularia certas ideias com maior clareza. No entanto, não tive qualquer intenção de reformular nenhum dos artigos para esta coleção, uma vez que são um registro de como meu pensamento sobre a Daseinsanalyse se desenvolveu ao longo dos anos, depois de ter percebido, como Medard Boss, os problemas básicos da psicanálise.

Começando em 1972, passei uma década ofertando uma forma existencial de psicoterapia. Nesse período, conheci Medard Boss, em Zurique (em junho de 1976) e, ao longo de cinco anos (1980-1985), preparei-me como psicanalista ortodoxo em Nova York. Não muito tempo depois de isso ter sido concluído, no entanto, vi que o negócio de mineração de respostas para a pergunta "Por quê?", que informa as explicações causais, e o oferecimento aos pacientes de interpretações da experiência relatada não levava a lugar nenhum. E, assim, meu segundo período de formação iniciou-se imediatamente com um daseinsanalista nos Estados Unidos. Com ele, tudo mudou.

Nesse período, os *Seminários de Zollikon*, de Martin Heidegger, editados por Medard Boss, foram publicados. Eles confirmaram o que eu havia lido em *Psicanálise e Daseinsanálise* (*Psychoanalysis & Daseinsanalysis*) e *Fundamentos Existenciais da Medicina e da Psicologia* (*Existential Foundations of Medicine and Psychology*) cuja real importância não tinha até então realmente se desvelado para mim. Isso me levou à redação do primeiro dos trabalhos apresentados nas páginas seguintes. Embora pronto para publicação em 1990, não apareceu impresso até 1995, na *Review of Existential Psychology and Psychiatry*. O segundo artigo (1997), escrito para a *Existential Analysis*, continuou a trabalhar os detalhes da influência de Martin Heidegger na psicoterapia. Em 2008, publiquei novamente nessas revistas. De especial importância foi o artigo na *Existential Analysis* que, entre outros assuntos, considera a influência do pensamento oriental para Medard Boss e a Daseinsanalyse. O livro mais pessoal e, de certa forma, mais importante de Medard Boss, *Um psiquiatra descobre a Índia* (*A Psychiatrist Discovers India*, que havia sido publicado em inglês, em 1965, quando eu estava no meu primeiro ano na faculdade como estudante de filosofia, foi lido novamente com os olhos bem abertos, juntamente com o importante posfácio de sua 4ª edição alemã (1987), que apareceu em tradução para o inglês no mesmo ano. O artigo em duas partes publicado no *International Journal of Psychotherapy*, em 2014, que completa esta coleção, é uma tentativa de lançar uma rede mais ampla para aqueles que, em nosso campo, foram influenciados por Martin Heidegger. Isto é importante de considerar, uma vez que existiram mais daseinsanalistas do que aqueles que se identificaram como tal desde que o termo *Daseinsanalyse* foi sugerido a Ludwig Binswanger por Jacob Wyrsch, em outubro de 1942. Eles incluem R.D. Laing e Jan van den Berg, ou meu próprio analista didata, que, como Medard Boss e os outros, seguiram o caminho através da psicanálise para a Daseinsanalyse. Esse tem sido também o meu próprio caminho.

Acredito que nos próximos anos veremos o aparecimento de muitos jovens daseinsanalistas, alguns dos quais descobrem que há um nome para o que *sabem* fazer, mas está em contraste marcante com o que lhes foi ensinado. Isso se deve ao renascimento do interesse na nossa forma de terapia desde o estabelecimento da Medard-Boss-Stiftung, no início da década de 1970, mas também por causa dos resultados decepcionantes da psicanálise e das muitas, realmente muitas, outras formas de psicoterapia que se desenvolveram desde Sigmund Freud. É importante que este jovem grupo seja mais do que evadido de outras tradições e tenha a sua formação nos programas de preparação, agora, disponíveis na Europa e nas Américas. Para tanto, é de se esperar que esta coletânea de artigos seja útil para eles especialmente no Brasil, mas também onde os daseinsanalistas enrustidos estejam repensando a psicoterapia e, procurando, tenham encontrado na Daseinsanalyse algo diferente e que faça a diferença.

Deixei para o professor Paulo Evangelista a escolha dos artigos que estão incluídos aqui, dentre aqueles que publiquei ao longo dos anos, apenas sugeri a ordem em que eles aparecem.

Miles Groth

Março de 2023, New York

Apresentação

Assisti uma palestra de Miles Groth pela primeira vez em junho de 2021. Estávamos no período de isolamento social em razão da pandemia da Covid-19, que trouxe tantas mazelas, mas, por outro lado, estimulou muitas instituições a se abrirem para eventos on-line, possibilitando o acompanhamento de pessoas ao redor do mundo. Eu já conhecia o nome de Miles Groth por ter lido alguns de seus artigos, dentre eles o único traduzido para o português[1], sobre a relação "terapêutica" de Martin Heidegger e Medard Boss. Sempre me chamara a atenção a acuidade histórica de suas descrições. Eu pensava: "este é um importante historiador da Daseinsanalyse!". Seus artigos demonstravam profundo conhecimento da obra de Medard Boss, lido na língua original, e das traduções para o inglês. Nesse sentido, seus artigos também contribuíram para alargar a compreensão sobre como a obra de Medard Boss foi recebida nos EUA e incorporada na Psicologia Humanista ou "Terceira Força em Psicologia", o que enfraqueceu o intuito de nova fundamentação para as ciências da saúde humana. Os escritos de Miles Groth também revelam grande conhecimento da obra

---

[1] Miles Groth, M. (2017). A Daseinsanalyse de Martin Heidegger por Medard Boss. *Revista da Associação Brasileira de Daseinsanalyse*, 17, pp. 189-203. São Paulo: ABD.

de Freud, o que se justifica pelo treinamento em psicanálise ortodoxa ao qual se submeteu, como podemos ler a seguir.

O que apareceu para mim, nessa palestra on-line, destoou da imagem que tinha do historiador Miles Groth. Sua exposição mostrou enorme sensibilidade para a existência, ou, usando os termos que ele propõe, uma qualidade singular de *presença*. Descobri, então, que além de historiador da Daseinsanalyse, Miles Groth a vive em seu consultório particular, no qual encontra existências e testemunha seu desabrochar.

Logo após essa palestra on-line, escrevi a Miles Groth. Ele respondeu cordial e prontamente. Ele conhecia alguns colegas brasileiros, contou-me por escrito, que formavam a Associação Brasileira de Daseinsanalyse (ABD). Inclusive, havia planejado estar no Brasil no X Fórum Internacional de Daseinsanalyse, que ocorreu em São Paulo, nos dias 2 e 3 de novembro de 2018, mas problemas de saúde o impossibilitaram que viajasse. Ficou muito interessado quando eu disse que era do Brasil, mas que não era formalmente vinculado à ABD, e que eu lecionava Daseinsanalyse na graduação em Psicologia na Universidade Federal de Minas Gerais. Ele logo propôs que nos encontrássemos por Skype para conversarmos.

Nesse encontro on-line, Miles Groth ficou maravilhado ao saber do interesse dos "*young people*" (jovens) pela Daseinsanalyse. Mais ainda ao saber do início do treinamento em Daseinsanalyse, de alunos na graduação. Isso diferia dos EUA, contou-me, onde somente após formarem-se, os psicólogos podem buscar especialização em outras abordagens que não as hegemônicas psicanálise e comportamentais, o que tem feito com que cada vez menos profissionais busquem as psicologias existenciais, em geral, e a Daseinsanalyse, em específico. Apesar disso, Miles Groth é otimista. Acredita num renovado interesse pela Daseinsanalyse em razão de oposição ao determinismo psicológico e, mais ainda, psicofarmacológico dos jovens americanos. Perguntou-me o que eu entendia ser o motivo da adesão dos alunos à Daseinsanalyse na UFMG e eu respondi algo convergente: muitos me relatavam que não se reconheciam nos sistemas psicológicos fortemente determinantes do comportamento humano.

Dessa primeira conversa, outras seguiram. Também tive a oportunidade de participar de grupos de estudos sobre Daseinsanalyse e de leitura dos Seminários de Zollikon, on-line, com Miles Groth, o que aumentou minha admiração por seu cuidado com a Daseinsanalyse e com as existências com quem se encontra em seu consultório particular.

Foi então que pedi a ele autorização para traduzir alguns de seus artigos. Expliquei a ele minhas razões: sentia carência de bons textos, bem fundamentados, sobre a prática daseinsanalítica, principalmente de cunho introdutório. Realmente, o Brasil tem importante produção, em nível mundial, sobre a Daseinsanalyse. Temos, aqui, alguns dos principais terapeutas estudiosos da abordagem que o próprio Medard Boss apresentou. Foi também aqui onde se fundou a primeira associação de Daseinsanalyse fora de Zurique, que, a meu ver, estimula o estudo e o diálogo sobre a analítica existencial de Martin Heidegger como fundamentação para a compreensão do sofrimento humano e sua respectiva clínica. Ainda assim, quando temos que indicar bibliografia para quem quer se aprofundar na prática daseinsanalítica, são poucas as opções. Minha ideia inicial era traduzir alguns artigos para estudar com os alunos de aulas e estágios. Mas isso manteria esses escritos em circulação restrita.

Foi então que comentei com Miles Groth sobre a possibilidade de que essas traduções fossem reunidas num livro – que eu espero que seja apenas o primeiro – e ele ficou animado, sentindo-se lisonjeado, me falou, e cedeu imediatamente os direitos autorais para tradução e publicação.

A escolha dos artigos deve-se à intenção de reunir um conjunto que vá dos fundamentos teórico-filosóficos à prática clínica, explicitando a leitura própria de Miles Groth sobre a Daseinsanalyse. Por isto, quero dizer que o autor reconhece a importância da obra de Medard Boss, mas encontra em outros terapeutas do século XX, presença e reflexão semelhantes, embora não se refiram a si mesmos como daseinsanalistas.

A meu ver, e nisso, acredito convergir com Miles Groth, mais importante do que se definir como daseinsanalista é estar com outro como uma existência que encontra outra existência.

Sobre a tradução, devo dizer que tentei ser o mais fidedigno possível à escrita de Miles Groth. Quanto às citações que ele faz em seus artigos, quando há tradução brasileira, recorri a ela. Nessa mesma direção, atualizei as referências bibliográficas indicando a publicação brasileira, a fim de facilitar para o leitor que queira recorrer aos textos originais, e reuni todas na seção "Referências", no final do livro.

Miles Groth utiliza muitas notas de fim em seus artigos, frequentemente indicando questões que se abrem a partir das colocações, outras vezes indicando bibliografia complementar, outras ainda indicando suas referências. Optei por convertê-las todas em notas de rodapé, facilitando a leitura.

Paulo Eduardo R. A. Evangelista
Belo Horizonte, 31 de março de 2023.

1. Medard Boss e Martin Heidegger: O analista existencial como um 'tipo de rixi ocidental'

Review of Existential Psychology and Psychiatry, 27 (1-3), 2008, pp. 43-60.

Encontro

No início do verão de 1976, só um mês após a morte de Martin Heidegger, em 26 de maio, conheci Medard Boss em seu consultório no distrito de Zollikon, em Zurique. Alguns dias antes, eu havia visitado o túmulo de Martin Heidegger no cemitério da Igreja de San Martin, in Messkirch, que fica à uma curta viagem de Freiburg im Breisgau, onde Martin Heidegger lecionara por tantos anos na Universidade de Albert-Ludwig. Como estudante, eu lera que "em conversas pessoais e em seminários em Zurique, Martin Heidegger tornou-se cada vez mais familiarizado com os esforços de psiquiatras e psicoterapeutas, e lhe deu a oportunidade de posicionar a Daseinsanalyse numa base científica firme"[1]. Eu queria entender o máximo que pudesse sobre a influência de Martin Heidegger na psicoterapia e, assim, enquanto eu estava em Zurique, telefonei para Medard Boss para pedir alguns minutos de seu tempo para falar sobre Martin Heidegger e psiquiatria. Medard Boss aceitou.

---

[1] Medard Boss and Gion Condrau, "Existential Psychoanalysis", p. 497.

O que segue, primeiramente, é a transcrição de meu registro em diário marcado: Zurique, 26 de maio de 1976. Eu o apresento tal como o escrevi na época porque apresenta algo do tom de meu encontro com Medard Boss, o homem[2].

> Um pouco mais que meia hora com Medard Boss, um homem baixo e robusto, com pálpebras impassíveis. Ele foi muito gracioso. Desceu para me acompanhar até sua sala de espera no andar superior, claramente demarcada, próxima ao seu consultório, também, claramente demarcado. Ele voltou à sua paciente por mais 20 minutos. Depois, desceu novamente, acompanhou-a até a saída e voltou para cima, onde tivemos nossa reunião.
>
> Ele me perguntou sobre meu sobrenome e o que eu lecionava. Aí começou a me contar como conheceu Martin Heidegger. Enquanto servia como médico de campo na Segunda Guerra Mundial, ele teve muito tempo livre e viu o título – somente isso naquele momento – [do livro de Martin Heidegger] *Sein und Zeit*. Logo ouviu os rumores sobre Martin Heidegger e os nazistas. Medard Boss disse que Martin Heidegger foi um dos homens mais "caluniados". (Todos os sinos (do meio-dia) de Zurique tocavam.) Medard Boss enviou comida à Martin Heidegger (Martin Heidegger esperava especialmente o chocolate) durante aquele período, pois ouvira que ele passava fome. Martin Heidegger respondeu às cartas de Medard Boss.
>
> O (primeiro) livro sobre sonhos (*The Analysis of Dreams* (London: Rider, 1957)) de Medard Boss foi traduzido por um engenheiro (Arnold J. Pomerans). O livro sobre perversões (*Meaning and Content of*

[2] Interpolei esclarecimentos quando for indicado.

Sexual Perversions. A Daseinsanalytic Approach to the Psychopathology of the Phenomenon of Love (New York: Grune and Stratton, 1949)) foi traduzido por um desconhecido (Liese Lewis Abell). Aparentemente, o (mesmo) destino dúbio foi reservado a *Psychoanalysis and Daseinsanalysis* (publicado em 1963 pela Basic Books, traduzido por Ludwig Lefebre). Um novo livro recontando as contribuições de Martin Heidegger nos seminários de Zollikon – acontecidos (aqui) no andar de baixo, na Bahnhofstrasse, 53 – será publicado pela (Jason) Aronson neste ano (*Existential Foundations of Medicine and Psychology* apareceu em 1979, traduzido por Stephen Conway e Anne Cleaves). Outra obra sobre sonhos está em produção: "*The Dream Came to Me Last Night*" [(título) experimental), ("*I Dreamt Last Night...*" (New York: Gardner, 1977), traduzido por Stephen Conway].

Martin Heidegger considerava que o método de Freud levava à autenticidade – já há *Mitsein* e o setting psicoterapêutico que são apenas um meio – "uma ocasião", eu sugeri – para levar adiante o *Mitsein* já dado. Medard Boss caminhou várias vezes pelo *Feldweg* com Martin Heidegger. Não existe mais – uma rua. Medard Boss está aposentado da docência, embora tenha seu próprio instituto (de treinamento em psicoterapia) servindo estudantes universitários de Zurique. Ele lecionou na Harvard e outras universidades americanas, incluindo a Universidade da Califórnia e a Escola de Psiquiatria de Washington, mas não tem planos de retornar aos EUA por causa de sua idade (73). Entretanto, ele ainda atende pacientes 6 dias por semana, das 8h00 às 19h00.

Martin Heidegger frequentemente gesticulava com suas mãos o abrir-se de uma flor, (para indicar) o abrir-se do "ego" – o sujeito ou ego encapsulado não era aceitável para ele. Nem a metapsicologia de Sigmund Freud. Medard Boss falou de estar trabalhando com Martin Heidegger em "aulas de filosofia" (sorrindo) em Messkirch (o *Hütte* de Totnauberg [chalé de esqui]). Martin Heidegger viria a Zurique por três semanas cada vez para o seminário de Zollikon. Ele também viria visitar o chalé de esqui alpino de Medard Boss (em Lenzerheide), onde Martin Heidegger trabalhava "refrescado pelo ar". Foi por causa da personalidade e da amizade de Medard Boss que Martin Heidegger saiu de sua "timidez", após a Segunda Guerra Mundial, e começou a viajar – França, Itália. Esta foi a "terapêutica" de Medard Boss com Martin Heidegger? Havia uma conexão entre Martin Heidegger e a teologia – para ele, falas sobre Deus eram somente isso – "falas (palavras)". Deus era o "ser superior", mas, ainda, somente um em meio aos entes (*Seiende*). Havia ainda, Ser (*Sein, Seyn*).O irmão de Martin Heidegger, Fritz, é gago. Ele é uma versão menor de Martin Heidegger, disse Medard Boss. Ele tentará escrever sobre Martin Heidegger, mas não há os "canais" para expressar seus pensamentos. Aparentemente, Fritz Heidegger também tentou escrever. Medard Boss apresentou um pouco de Sigmund Freud a Martin Heidegger, as *Lições Introdutórias (Sobre Psicanálise)*. Martin Heidegger balançou sua cabeça para frente e para trás, lendo somente algumas páginas. Medard Boss concordou que a tradução de *Sein und Zeit* (*Being and Time*, Macquarrie & Robinson) deixa *muito* a desejar.[3] Das características pessoais de Martin Heidegger, a que sobressai às demais é que ele escuta

[3] *Os Seminários de Zollikon* contém um trecho de uma carta (20 de março de 1963) a Medard Boss na qual Martin Heidegger afirma que a tradução para o inglês de *Ser e tempo* é "amplamente contestada" (p. 307).

com grande intensidade – neste aspecto, diferente de qualquer pessoa que Medard Boss conheceu.

E assim, a meia hora acabou muito rapidamente. Mas muito memorável. Medard Boss tem a cortesia de um europeu sem a indiferença de um professor universitário. Um homem de 73 anos que te acompanha até a porta, cumprimenta-te na porta, sobe a escadaria como um homem com 25 anos a menos. Abertura, possibilidades – estas foram as palavras repetidas com ênfase. Sua fotografia oficial de livro (num volume em sua biblioteca) é a foto de alguém muito mais severo e rígido. Ele não é assim, de modo algum. O livro de Spiegelberg sobre *Phenomenology in Psychology and Psychiatry* está na sua biblioteca com uma dedicatória, agradecendo-o pela visita que Spiegelberg fez em 1969, eu acho. Pelo menos mais uma obra (eu a folhei), uma monografia publicada em Helsinski (1969) por Lauri Rauhala, *Intentionality and the Problem of the Unconscious*, continha um agradecimento, dedicatória – cortesia, para Medard Boss. Eu perguntei a ele sobre Binswanger e a opinião de Martin Heidegger (sobre ele) – "muita leitura e pouco pensamento", disse Martin Heidegger a Medard Boss (sobre Binswanger).[4] Medard Boss falou da aversão de Martin Heidegger a ver "a mente" ou qualquer coisa como "imagens" ou "representações" dentro "dela". Houve uma muito rápida compreensão equivocada (as ideias não foram "digeridas", disse Medard Boss) de Binswanger das ideias de Martin Heidegger. As diferenças entre *Daseinsanalyse* e *Daseinsanalytic* são claras: para

[4] Martin Heidegger foi muito crítico de Binswanger durante os Seminários de Zollikon (pp. 154-155, 228-229, 243, 266-267). Ele comenta, entretanto, que o próprio Binswanger admitiu que "ocorreu-lhe um mal-entendido da analítica do Dasein" (p. 154).

Binswanger, ser-no-mundo é mais uma característica do ego, como percepção, memória etc. Para Medard Boss, esta é uma das *ekstases* fundamentais do Dasein, *equiprimordial* com aquelas mencionadas em *Sein und Zeit*. Falamos um pouquinho de Ronald David Laing. Havia uma mistura muito grande de influências nos escritos de Ronald David Laing. Ele até arriscou a opinião de que havia algo que não estava certo em Ronald David Laing. Ele o conhece muito bem. "Talvez algo esteja errado com ele", observou. A diferença entre o homem esquizofrênico e saudável é a capacidade (deste) de permanecer aberto às mudanças de possibilidades – eu sugeri a imagem da pupila do olho alinhada em direção à luz. Ele deu de ombros um pouco, sorriu levemente e penso que não concordou ou "ressoou" com a imagem.

Medard Boss disse que quando leu pela primeira vez *Sein und Zeit* em 1946 ou 1947, (eu contei a ele que nasci em 1946; ele disse, "Um ano importante, não?") – ele não entendeu completamente, mas pressentiu que havia ali algo importante. Martin Heidegger, é claro, admitiu posteriormente que Medard Boss foi o único *terapeuta* a realmente entender suas ideias.

Nascido na cidade suíça medieval de St. Gallen, em 4 de outubro de 1903, cresceu num meio patrício.[5] Foi residente em psiquiatria sob Eugen Bleuler e fez análise com Freud. Porém, suas simpatias intelectuais divergiram da psicologia médica, da psiquiatria e da psicanálise ortodoxa convencionais. O primeiro sinal disto foi seu interesse na obra de seu conterrâneo, o psiquiatra suíço Carl Gustav

[5] Medard Boss morreu em 21 de dezembro de 1990, em Zurique.

Jung. Mas a clara evidência de sua dissidência do campo da psiquiatria, tão tradicionalmente conservativa, foi seu interesse pelo pensamento de Martin Heidegger.

Quando, "com tempo nas mãos", Medard Boss se deparou com uma cópia de *Sein und Zeit*, Martin Heidegger estava oficialmente em desgraça na Alemanha, embora, concomitantemente, crescesse o interesse por sua obra entre intelectuais franceses, dentre eles Jean Wahl, Jean Beaufret e, claro, Jean-Paul Sartre. Independentemente de se estava ciente ou não da conexão francesa na época de seu primeiro interesse por Martin Heidegger, o interesse de Medard Boss foi tanto presciente quanto inesperado. Além de Binswanger, Medard Boss foi um dos poucos psiquiatras de sua geração a dar séria atenção ao sentido do pensamento de Martin Heidegger para a psicologia e a psiquiatria.

A colaboração que produziu os seminários de Zollikon foi única para Martin Heidegger, que era um pensador independente, se é que se pode afirmar isso de qualquer pessoa.[6] O fato de ter ocorrido com um psiquiatra é ainda mais notável, dado que Martin Heidegger desaprovava filosoficamente o empirismo, que é o fundamento filosófico sobre o qual a psicologia médica tradicionalmente se assenta. Medard Boss viu no pensamento de Martin Heidegger a possibilidade de fornecer "uma fundamentação fenomenológica para a medicina e a psicologia"[7] para substituir sua base nas ciências naturais.

Quando Medard Boss o contatou pela primeira vez – em 1946, Martin Heidegger tinha 57 anos e Boss tinha mais ou menos 43 – Martin Heidegger estava mal. A

---

[6] Cf. minha resenha em *The Journal of the Society for Existential Analysis*, 13(1), Winter 2001, pp. 164-166.

[7] *Existential Foundations of Medicine and Psychology*, p. xxi.

"timidez" da qual Medard Boss me falou estava certamente exacerbada por uma depressão, para a qual Martin Heidegger recebeu tratamento, internado por três semanas em 1946 sob supervisão de Viktor von Gebsattel em sua clínica, em Badenweiler. Embora a gentileza para com Martin Heidegger e sua família e seu interesse pelo pensamento dele fossem bastante sinceros, a relação profissional de Medard Boss com Martin Heidegger, o homem em crise psicológica, era mais difícil de avaliar. Se pode ser interpretada como uma forma de psicoterapia, foi um tratamento não convencional para os padrões da época, embora usual para o início da psicanálise.[8] Independentemente de como se considera o encontro dos dois – professor e aluno, médico e paciente, guru e seguidor, amigos – foi uma relação que se mostrou importante para o direcionamento dado à psicoterapia como análise existencial.

Background

A produção literária de Medard Boss foi moderada, mas rica. Um número significativo de seus principais livros foi traduzido para o inglês, mas com sucesso limitado, o que Medard Boss reconhecia[9]. Uma das primeiras obras, de

---

[8] Por exemplo, é bem sabido que o modo como Freud e os psicanalistas da primeira geração praticavam era frequentemente muito diferente do que Freud recomendava nos seus escritos sobre técnica psicanalítica.

[9] Publicações importantes permanecem indisponíveis em inglês [e português]: *Körperliches Kranksein als Folge seelischer Gleichgewichtsstörungen* (Bern: Huber, 1940), *Die Gestalt der Ehe und ihre Zerfallsformern. Ein Beitrag zur Psychopathologie menschlicher Gemeinschaftshildung* (Bern: Huber, 1944), *Einführung in die psychosomatische Medizin* (Bern: Huber, 1954), *Kleine und grosse Psychotherapie der essentiellen Hypertoniker* (Basel: Geigy, 1959), *Lebensangst, Schuldgefühle und psychotherapeutische Befreiung* (Bern: Huber, 1962) [tradução brasileira: *Angústia, Culpa e Libertação*, 3a ed., trad. Bárbara Spanoudis, São Paulo: Duas Cidades, 1981], e *Von der*

1947, sobre parafilias[10], apareceu em 1949 numa tradução em inglês por alguém que Boss chamou de "um desconhecido". No prefácio à edição em inglês do livro, Medard Boss observa que, além de seu contato profissional com Bleuler, Sigmund Freud e Carl Gustav Jung, ele também estudou com Karen Horney (no Instituto Psicanalítico de Berlin, em 1932-33)[11], Hans Behn-Eschenburg (um colaborador de Hermann Rorscharch no desenvolvimento do teste de manchas), Kurt Goldstein, Ernest Jones (o primeiro biógrafo de Freud em inglês) e Otto Fenichel (o primeiro a sistematizar a teoria psicanalítica das neuroses). Ele afirma que "a análise existencial de Martin Heidegger tornou-se a base de meu pensamento em psicopatologia"[12]. Estava na metade dos seus 40 anos, estando, portanto, já relativamente avançado na sua carreira profissional, quando sua orientação como psicoterapeuta mudou drasticamente. Ele acrescenta que "o próprio Martin Heidegger afirmou pessoalmente a mim que meu pensamento compreendeu corretamente a essência e o núcleo de suas concepções"[13]. Nesse livro, Medard Boss já se distanciou das interpretações de Martin Heidegger presentes no pensamento de Binswanger[14] e

---

Psychoanalyse zur Daseinsanalyse. Wege zu einem neuen Selbstverständnis (Zurich: Europaverl, 1979), assim como volumes escritos em coautoria com Gion Condrau e outros.

[10] *Sinn und Gehalt der sexuellen Perversionen, ein daseinanalytischer Beitrag zur Psychopathologie des Phänomens der Liebe.*

[11] Medard Boss, M. (1954). Mechanistic and Holistic Thinking in Modern Medicine, p. 48.

[12] *Meaning and Content of Sexual Perversions. A Daseinsanalytic Approach to the Psychopathology of the Phenomenon of Love*, p. xi.

[13] *Ibid*, p. xii.

[14] Binswanger tornou-se conhecido para o público leitor em inglês pela coletânea de seus textos (de 1930-1957) editada por Jacob Needleman, *Being-in-the-World.*

Sartre[15], assim como das posições teóricas de Sigmund Freud, Carl Gustav Jung e Adler.

Este livro sobre psicopatologia foi seguido, em 1953, por *Der Traum und Seine Auslegung* (*O sonho e sua interpretação*)[16]. Este foi o primeiro de dois livros sobre análise existencial de sonhos, publicado em 1958 com o título *The Analysis of Dreams* com a tradução feita por "um engenheiro"[17]. Segundo Medard Boss, o livro é "uma tentativa de pavimentar um caminho para o estudo direto dos fenômenos oníricos em si mesmos, removendo todos os disfarces e esquemas das construções mentais dos teóricos contemporâneos dos sonhos. Consegui este feito desafiador graças ao meu contato com a abordagem analítica existencial de Martin Heidegger". Ele acrescenta que, além de estudar as obras de Martin Heidegger, beneficiou-se "da prontidão irrestrita de Martin Heidegger para discussão direta" (p. 10).

Em 1957, Medard Boss publicou *Psychoanalyse und Daseinsanalytic* (*Psicanálise e Daseinsanalyse*), livro que foi consideravelmente expandido e publicado, em 1963, numa versão em inglês por Medard Boss e Ludwig Lefebre ("que fez a maior parte da tradução") como *Psychoanalysis and Daseinsanalysis*.

---

15 Jean-Paul Sartre, *Existential Psychoanalysis*, traduzido para o inglês por Hazel Barnes, com uma introdução por Rollo May (New York: Philosophical Library, 1953). O texto é composto por uma seleção de partes de *L'Etre et le Néant* [*O Ser e o Nada: Ensaio de Ontologia Fenomenológica*, trad. Paulo Perdigão, 24ª ed., Petrópolis, RJ: Vozes].

16 Bern: Huber.

17 Como já mencionado, o outro livro sobre sonhos acabara de ser publicado quando eu conversei com Medard Boss. *"Es träumte mir vergangene Nacht": Sehübungen im Bereiche des Träumens und Beispiel für die praktische Anwendung eines neuen Traumverständnisses* (Bern: Huber, 1975) [*"Na Noite Passada Eu Sonhei..."*, Tradução de Solon Spanoudis e David Cytrynowicz. São Paulo: Summus, 1979]. Dois anos depois, foi traduzido para o inglês por Stephen Conway como "*I Dreamt Last Night...*" (New York: Gardner, 1977).

Sobre o capítulo 2, "Outline of Analysis of Dasein" ("Esboço da Análise do Dasein"), Medard Boss reconhece que "muito se deve à incansável ajuda de Martin Heidegger na compilação deste resumo" (p. 49) dos fundamentos da *Daseinsanalysis*[18]. A publicação da versão em inglês deste livro se sobrepõe aos primórdios dos Seminários de Zollikon (1959-1969)[19].

---

[18] Este texto contém uma passagem extremamente importante de uma carta de Martin Heidegger a Medard Boss sobre tradução (p. 36, n. 4): "Este autor [Medard Boss] teve muitas discussões e trocou muitas cartas com Martin Heidegger acerca de possíveis traduções para o inglês dos três termos que são fundamentais para o pensamento Daseinsanalítico: *Seiendes*, *Seiendheit* e *Seyn* (esta última soletração é, às vezes, escolhida por Martin Heidegger para enfatizar o fato de que ele não está se referindo a uma categoria de objetos, tal como se costuma pensar que se refere o termo *Sein*). Nós reproduzimos uma passagem de uma carta de Martin Heidegger. *ipsis literis*. para mostrar que o termo *Seer* (*Being-ness*) não foi escolhido arbitrariamente:

> "A sugestão de traduzir (a) *das Seiende* ou *Seiendes* por 'ente' ('*being*') ou 'ente particular' ('*particular being*'), (b) *Seiendheit*, no sentido do modo de ser de uma espécie específica de coisas ou seres vivos, por 'entidade' ('*being-ness*', em minúsculas), e *Seyn*, como tal, por *Seer* ('*Being-ness*', maiúscula) me parece o melhor. Por garantia, todo meu caminho de pensamento se oculta na distinção suficiente entre (b) e (c), na medida em que se siga sua progressão na essência da metafísica. Provavelmente, não é acidental que a 'diferença ontológica" [NT: i.é, a distinção entre (b) e (c)] não possa ser adequadamente dita em inglês ou francês."

[NT: Sigo aqui as traduções para os termos tal como estão postos no *Dicionário Heidegger*, por Michael Inwood.]

[19] Em 1971, Medard Boss publicou seu *Grundriss der Medizin. Ansätze zu einer phänomenologischen Physiologie, Psychologie, Pathologie, Therapie und zu einer daseinsgemässen Préventiv-Medizin in der modernen Industrie-Gesellschaft* (Bern: Huber, 1971), que foi traduzido para o inglês como *Existential Foundations of Medicine and Psychology* [NT: sem tradução em português]. No prefácio da primeira edição desta obra ambiciosa sobre "a fundamentação fenomenológica para a medicina e a psicologia" (p. xxxi), Medard Boss escreveu:

No ano do primeiro seminário em Zollikon, 1959, Medard Boss publicou um notável pequeno volume, que propiciou a presente discussão[20]. Dedicado à sua esposa, Marianne Boss-Linsmayer, *A Psychiatrist Discovers India*[21] é o resultado das visitas que Medard Boss fez à Índia e ao Sudeste Asiático, em 1956 (cinco meses na Índia, cinco semanas na Indonésia) e 1958 (três meses na Índia) (p. 7)[22]. Coincidentemente, na primavera de 1958, Martin Heidegger encontrava-se com o filósofo asiático Hoseki Shin'ichi Hisamatsu em Freiburg[23]. Este encontro, que sucedeu contatos

---

> Mas, acima de tudo, o filósofo Martin Heidegger é quem é o responsável por esta tentativa de apresentar os fundamentos para a medicina. Ela reflete as inúmeras conversas que tive o privilégio de ter ao longo de décadas de amizade. Além disso, nos últimos quinze anos, Martin Heidegger ministrou dois ou três seminários por semestre em benefício de estudantes de medicina, inclusive os meus. As discussões que saíram dos "Seminários de Zollikon" também figuram significativamente nesta obra. Mais importante ainda é o fato de que este trabalho se desenvolveu sob os olhos atentos de Martin Heidegger. Não há sequer uma seção de importância "filosófica" que não tenha recebido sua generosa crítica (pp. xxiii-xxiv).

20 *Indienfahrt eines Psychiaters.*

21 A tradução foi publicada na Índia no ano seguinte (Calcutta: Rupa, 1966).

22 As razões imediatas para as visitas de Medard Boss foram convites recorrentes para lecionar na Faculdade de Medicina da Universidade de Jakarta e na Universidade de Lucknow (*A Psychiatrist Discovers India*, p. 16). Antes de seguir para a Índia, Medard Boss aprendeu um pouco de Hindi com um de seus pacientes indianos (Hall, "A Conversation with Medard Boss," p. 65).

23 O encontro resultou no "*Die Kunst und das Denken*," que foi traduzido para o inglês por Hannah Arendt como "*Art and Thinking*" e compôs o livro trilíngue de Alfred L. Copley *Heidegger und Hisamatsu und ein Zuhörender* (*Heidegger and Hisamatsu and a Listener*) (1963) Kyoto: Bokubi Verlag, pp. 43-80. O texto em alemão foi reimpresso como "Martin Heidegger - Shinichi Hisamatsu. Die Kunst und das Denken. Protokoll eines Colloquiums am 18. Mai 1958," em Hartmut Buchner (ed.), *Japan und* Martin *Heidegger: Gedenkschrift der Stadt Meßkirch zum hundertsten Geburtstag Martin Heideggers* (1989) Sigmaringen: Thorbecke, pp. 211-215.

prévios com outros filósofos japoneses, pode ser compreendido como ocasião da vinda à tona de profundas ressonâncias do pensamento de Martin Heidegger com a filosofia não-ocidental, inclusive a Advaita Vedanta e outras tradições indianas. Claramente, as conexões mais óbvias são com o Zen Budismo e o Taoismo.

Eu proporia que uma das razões da afinidade de Medard Boss com o pensamento de Martin Heidegger, assim como pela profundidade da amizade e da capacidade de colaboração, encontra-se na simpatia que compartilhavam pela filosofia asiática. Pode ser que o que levou Medard Boss à Índia no fim dos anos 1950 tenha sido resultado da crescente influência nele do pensamento de Martin Heidegger[24]. Por sua vez, é provável que as experiências de Medard Boss na Índia, transmitidas a Martin Heidegger nos anos 1950, tenham tido um efeito libertador em certos aspectos do pensamento de Martin Heidegger. No mínimo, não pode haver dúvidas que os dois homens se influenciaram e que uma fonte comum de inspiração para ambos foi a tradição de filosofia oriental em suas múltiplas formas[25].

---

24 Nos *Seminários de Zollikon*, numa passagem de uma carta de Martin Heidegger a Medard Boss de 9 de novembro de 1959, é citado que: "A conversa sobre a Índia mostrou-me, ao mesmo tempo, que os meus ensaios não permanecem inteiramente isolados (p. 298)."

25 Embora as semelhanças entre o pensamento de Martin Heidegger e a filosofia asiática não fossem bem conhecidas na época dos Seminários de Zollikon, já estavam em andamento nas profundezas, tal como hoje conseguimos saber. Em relação a isto, ver: Reinhard May, *Heidegger's Hidden Sources. East Asian Influences on His Work* [1989] (London: Routledge, 1996); Graham Parkes, "Heidegger and Japanese Thought: How Much Did He Know and When Did He Know It?," em Christopher Macann (ed.), *Heidegger. Critical Assessments*, Volume 4, *Reverberations* (London: Routledge, 1992), pp. 377-406; e Graham Parkes (ed.), *Heidegger and Asian Thought* (Honolulu: Hawaii University Press, 1987).

Se, por um lado, as semelhanças do pensamento de Martin Heidegger com o zen budismo e o taoismo tenham sido exploradas, por outro, as conexões com a filosofia indiana receberam escassa atenção[26]. Quiçá as presentes reflexões forneçam um ponto de partida para mais estudos no assunto[27].

'Um tipo de rixi ocidental'

Num escrito comemorativo contendo apreciações de Martin Heidegger por amigos do filósofo, o estudioso indiano J. L. Mehta aproxima Martin Heidegger de um

---

No final dos anos 1940, Martin Heidegger trabalhou numa tradução do *Tao te Ching* com Paul Shih-yi Hsiao (Parkes, 1987, pp. 93-103).

26 Charles Wei-Hsun Fu, "The Trans-onto-theo-logical Foundations of Language in Heidegger and Taoism," em *Journal of Chinese Philosophy, 5*, 1978, pp. 301-333; Peter Kreeft, "Zen in Heidegger's *Gelassenheit*," *International Philosophical Quarterly 11*, 1971, pp. 521-545; Carl Olson, "The Leap of Thinking. A Comparison of Heidegger and the Zen Master Dogen," *Philosophy Today 25*(1), Spring 1981, pp. 55-62; e uma série de artigos por John Steffney: "Transmetaphysical Thinking in Heidegger and Zen Buddhism," em *Philosophy East and West, 27*(3), 1977, pp. 323-335, "Non-being-Being versus the Non-Being of Being. Heidegger's Ontological Difference with Zen Buddhism," *The Eastern Buddhist (n.s.) 10*(2), 1977, pp. 65-75, "Man and Being in Heidegger and Zen Buddhism," *Philosophy Today 25*(4), 1981, pp. 46-54, "Mind and Metaphysics in Heidegger and Zen Buddhism," *The Eastern Buddhist (n.s.) 14*(1), pp. 61-74, e "Nothingness and Death in Heidegger and Zen Buddhism," *The Eastern Buddhist (n.s.) 18*(1), 1985, pp 90-104.

27 Alan Watts, *Psychotherapy East and West* (New York: Vintage Books, 1961) e Erich Fromm, D.T. Susuki e Richard De Martino, *Psychoanalysis and Zen Buddhism* (New York: Harper and Row, 1960) são os primeiros clássicos sobre a influência do pensamento asiático na psicoterapia existencial. Mais recentemente, temos *Thoughts Without a Thinker. Psychotherapy from a Buddhist Perspective*, de Mark Epstein (New York: Basic Books,1995), *The Couch and the Tree Dialogues in Psychoanalysis and Buddhism* (New York: Farrar, Straus and Giroux, 1998), editado por Anthony Molino, e *Zen and the Heart of Psychotherapy*, por Robert Rosenbaum (New York: Taylor and Francis, 1999).

vidente ou rixi místico hindu[28]. Entretanto, quase vinte anos antes, na narrativa de seu encontro com um sábio indiano em *A Psychiatrist Discovers India*, Medard Boss fizera a notável afirmação de que, enquanto escutava o guru que ele escolhera como seu mentor, pensara: "Eu quase não acreditava no que ouvia. Pois escutei-o dizer coisas que correspondem exatamente, palavra por palavra, com frases que eu tinha escutado no Ocidente dos lábios do filósofo Martin Heidegger" (p. 128)[29]. Não é insignificante que os Seminários de Zollikon tenham começado em 1959, logo após a segunda viagem de Medard Boss à Índia. É como se logo após sentar-se, literalmente, aos pés de um sábio hindu, Medard Boss fosse um brahmacarin para o rixi de Martin Heidegger e visse semelhanças entre as duas experiências. Além disso, em ambos os casos, a relação foi tão importante quanto o conteúdo transmitido. Ademais, ambas as vivências, evidentemente, contribuíram para a mudança de visão de Medard Boss sobre a psicoterapia.

Numa entrevista a Mary Hall, em 1968, Medard Boss falou sinceramente sobre o homem Martin Heidegger, a

---

[28] Jarav Lal Mehta, "A Western Kind of Rishi," em: Günther Neske (ed.), *Erinnerung an Martin Heidegger* (Pfullingen: Neske, 1977), pp. 165-171. No mesmo volume, Medard Boss discute os Seminários de Zollikon (pp. 31-45). Também há apreciações por Chung-yuan Chang (pp. 65-70), Hisamatsu (pp. between 216/217), Hsaio (pp. 119-129) e Keiji Nishitani (entre pp. 232/233). Cf. o artigo de Mehta, "Heidegger and Vedanta: Reflections on a Questionable Theme," em Parkes (1987), pp. 15-45.

[29] Numa carta a Medard Boss, de 9 de novembro de 1959, Martin Heidegger comenta: "... as duas noites podem ter acendido uma pequena luz aqui e ali. A conversa sobre a Índia (na casa de Medard Boss) mostrou-me, ao mesmo tempo, que os meus ensaios não permanecem inteiramente isolados (*Seminários de Zollikon*, p. 298). Penso que não seja insignificante que os seminários tenham começado em 1959, logo após a segunda viagem de Medard Boss à Índia.

quem ele experienciava claramente com veneração típica à de um rixi.

> Ele é o homem mais esplêndido que eu já conheci. E com o mesmo jeito de gênio de Sigmund Freud, mas um tipo de pessoa muito diferente. Se você o visse, você pensaria que era um proprietário de um vinhedo no sul da França.[30]
>
> Nos seus sentimentos, ele sempre se mantém um pequeno menino da Floresta Negra, uma parte da Alemanha... mas se você compreender Martin Heidegger como sendo esta criança, ele é a pessoa mais encantadora e de bom coração que você poderá conhecer. As pessoas frequentemente dizem que sou fascinado por Martin Heidegger. Eu *sou* fascinado por ele, mas consigo ver suas fraquezas. E não encontrei nenhuma falha em seu pensamento.
>
> Duas ou três vezes por semestre ele vem à minha casa para lecionar em seminários aos meus estudantes, *tanto como psiquiatra quanto como filósofo.*
>
> Sim. Até que encontrei Martin Heidegger, como um verdadeiro psicanalista teórico que eu era, eu era só um acrobata de circo na corda bamba, performando acrobacias intelectuais. No pensamento de Martin Heidegger, eu encontrei finalmente uma base boa e sólida (pp. 62-63, ênfase minha).[31]

Martin Heidegger evidentemente forneceu a Medard Boss um tipo de fundação que é, geralmente, resultante da influência de um mentor espiritual ou de um analista existencial. Chama a atenção que, na entrevista citada acima, Medard Boss se refira a Martin Heidegger como filósofo e

---

[30] Na sua velhice, Martin Heidegger gostava de usar uma boina.

[31] Hall (1968), "A Conversation with Medard Boss", pp. 62-63.

psiquiatra (literalmente, um fisiologista da mente).[32] Adiante, na entrevista, Medard Boss relembra suas experiências na Índia uma década antes:

> (...) quando eu fui para a Índia, encontrei homens com pontos de vista extremamente semelhantes ao de Martin Heidegger. Eu escutei frases que eu só ouvira antes, originalmente, de Martin Heidegger – sem que Martin Heidegger soubesse qualquer coisa sobre a Índia e sem que os indianos soubessem dele.
>
> Uma das principais diferenças entre Martin Heidegger e o pensamento indiano é que Martin Heidegger não concebe o homem existindo sem o mundo. Para ele, o homem existe somente nas relações e compreensões das coisas.
>
> O pensamento indiano vai muito além. Afirma que pode haver um âmbito de claridade e abertura no qual o homem pode existir, mas no qual não há quaisquer coisas. (p. 65)

Além disso, no livro sobre a Índia, Medard Boss observara que ele

> "permaneceu tremendamente perplexo pela afinidade inteiramente abrangente e inesperada entre a tão recente 'Daseinsanalyse' e o que a sabedoria indiana muito antiga reconhece como o profundo 'fundamento' do ser como tal: esse ser fundamental é chamado 'espaço livre' (*clearance*), 'abertura': '*Lichtung*' na Daseinsanalyse e '*Chit*' na filosofia tradicional indiana"[33]

---

[32] Retornarei a esta observação adiante.

[33] *Psychiatrist Discovers India*, pp. 128-129, . . . "Diz-se que *chit*, iluminação e abertura primordial, é possível puramente a partir de si mesmo" (p. 128).

A mim, parece que Medard Boss viu em Martin Heidegger, como Mehta, a personificação do sábio ou vidente; uma figura quase mítica que vive em isolamento intelectual e espiritual da cena contemporânea. Como observou Mehta, o rixi é "o vidente e o sábio, que vive em solitude, retraído das preocupações prosaicas da multidão ensandecente, como um recluso nos cumes dos Himalaias ou um eremita nas profundezas da floresta, pensando, meditando e encontrando palavras para o que ainda não foi dito ou escrevendo comentários sobre o que foi dito e pensado no passado"[34].

Mas haverá mais a ser encontrado na relação Martin Heidegger - Medard Boss do que um caso de devoção por um herói (Medard Boss) e sentimentos de gratidão por ter sido defendido e apoiado num momento de quase completa rejeição pelos colegas (Martin Heidegger)? Haverá mais sobre o que se passou entre eles do que o que poderíamos chamar pelo nome "aluno-professor"? Eu penso que podemos aprender algo sobre a relação de Medard Boss e Martin Heidegger, que talvez nenhum dos dois tenha reconhecido ou que, de todo modo, articulado nas fontes publicadas.

O analista existencial como rixi

Na minha opinião, para Medard Boss, o analista existencial, na sua melhor forma, é como um tipo de rixi para

[34] "A Western Kind of Rishi," p. 165. Mehta acrescenta: "O gênio e mestre que finalmente encontrei tinha uma presença graciosa, segura de si e vívida, mas ele era um tipo bem ocidental de rixi..." (p. 166). "É assim que gosto de pensar nele hoje em dia – como um pensador ocidental e, ao mesmo tempo, um rixi prematuro num momento de necessidade... Isso porque o rixi é alguém que convida e encanta, mas também libera, não tanto e nem somente por seus ensinamentos pessoais, mas pela palavra que vive após sua partida" (pp. 170-171).

o analisando existencial, e, inversamente, o rixi pode ser entendido como uma versão inicial do analista existencial. Provavelmente, Medard Boss percebeu isto em conexão com suas experiências na Índia. Mas quando Martin Heidegger tornou-se um "tipo de rixi ocidental" para ele, viu mais claramente a semelhança das duas vocações. O estilo terapêutico de Medard Boss refletia o que ele aprendera sobre interações humanas com seu mentor indiano e com a filosofia e a personalidade de Martin Heidegger ("Ele escutava com grande intensidade"). Este estilo pode ser resumido pela 'senha' de Medard Boss: "Não 'por que?', mas sim, 'Por que não, afinal?'"[35].

Diferentemente do psicanalista, que reconstrói o passado pessoal do analisando para encontrar as causas que podem ser aduzidas para responder à pergunta 'por que?' em relação ao seu comportamento presente, Medard Boss olha em direção ao futuro, sempre compartilhado, do analisando. Este, em relação com o presente vivido e imediato, será encontrado adiante, em lugares inesperados, mas começa com a relação imediata entre analisando e analista existencial. Confrontado com as perspectivas que a liberdade humana possibilita, analista e analisando juntos (embora guiados pelo analista) perguntam 'por que não, afinal?' às possibilidades do mundo do analisando.

Medard Boss parece ter visto o rixi indiano como um modelo para o analista existencial. Ambos compartilham a disposição para dar um passo ao lado e permitir que o indivíduo encontre seu caminho, o que equivale a assumir

[35] No vocabulário do terapeuta daseinsanalítico, "por que?" é substituído pela expressão mais importante "por que não, afinal?" *Existential Foundations of Medicine and Psychology*, p. 279. Cf. *Psychoanalysis and Daseinsanalysis*, pp. 248-251.

uma postura que, para Martin Heidegger, era marcada pelo que ele chamou de cuidar ou preocupar-se com o outro que lhe abre caminho e, assim, liberta sua existência.[36] Esta é a característica básica da análise existencial, no entendimento de Medard Boss. Em relação a isto, podemos lembrar que sempre foi um princípio da psicanálise clássica que o insight genuíno é sempre do paciente e nunca pode ser oferecido pelo analista, independente de quanto afeto houver no analisando na esteira da revelação interpretativa do analista. Martin Heidegger pode ter tido isto em mente quando disse a Medard Boss que "via o método terapêutico de Freud como levando à autenticidade"[37], mesmo sendo ele inflexível na sua oposição à metapsicologia freudiana.

A personificação de um analista existencial que talvez melhor exemplifique a solicitude libertadora de Martin Heidegger é o mestre Zen, que não só não entrega nada a quem está em procura, mas até dificulta para que ele chegue à iluminação desencorajando sistematicamente no aprendiz espiritual respostas fáceis e entendimento prematuro. Um olhar de relance para as trocas entre Martin Heidegger e os seminaristas em Zollikon mostra que ele foi um tal mestre. Ele oferece pouco apoio. De fato, ele gosta de arrancar os apoios intelectuais dos participantes de sob seus pés sempre que pode. Às vezes, ele até é duro, como os mestres zen nas

---

36 Martin Heidegger, *Ser e tempo,* p. 355. Martin Heidegger contrasta tal preocupação antecipativa-liberatória (*Fürsorge*) que liberta a existência com um modo que toma o lugar do outro (como um pai ou uma mãe faria pela criança), restringindo e, no limite, retirando sua liberdade.

37 Claramente, Martin Heidegger rejeitava a (ainda comum) descrição do psicanalista como um brilhante intérprete do inconsciente. Além de desautorizar o conceito de inconsciente, por ser baseado numa compreensão inadequada da consciência, Martin Heidegger via tais intervenções pelo analista como obstaculizando a liberdade do analisando.

fábulas. Mas isso não é inconsistente com as prerrogativas de alguém que seriamente se preocupa e cuida dos outros abrindo caminho para que se desdobrem. Pensemos nas severas demandas de um bom professor, médico ou enfermeiro, que desafia o estudante iniciante, o paciente ou o inválido a ter mais auto-disciplina diante da imaturidade intelectual, da dor e da deficiência, afastando os obstáculos da melhor forma possível. Assim, abre o caminho para insight e cura.

O papel do mestre é incitar o trabalho do discípulo. E esse é também precisamente o papel do analista existencial, que aponta o caminho para a longa estrada defronte o analisando, sem oferecer o alívio de pontes intelectuais prontas para o entendimento de si nem presentes nas formas de interpretações e reconstruções.

Existência autêntica como uma clareira recuperada

Para Medard Boss, a análise existencial está baseada na noção heideggeriana de clareira (*Lichtung*), que é a essência do modo humano de ser (*Seinde*): existência (*Da-sein*). Uma diferença entre Martin Heidegger e o rixi é em relação a como se entende tal clareira. Como Medard Boss observou, para a filosofia indiana (Vedanta), a clareira (*chit*) é uma dádiva da natureza na qual seres humanos participam. Para Martin Heidegger, ser clareira é prerrogativa da existência em seu ser resposta a Ser (*Sein*)[38]. Ser clareira não é limitado a gurus, mestres Zen, rixis ou analistas existenciais,

[38] Permanece problemático como podemos entender a relação entre existência e Ser, tal como foi para o próprio Martin Heidegger. Ele pedia apenas que nos mantivéssemos comprometidos com a pergunta sobre a relação — dado que tal perguntar é uma dimensão da nossa abertura

evidentemente.[39] O que estas figuras têm em comum, porém, é que são encarnações da existência autêntica comprometida com a preservação da abertura da existência contra as infindáveis invasões de outras solicitações feitas contrárias à nossa vida e que levam à existência inautêntica. A meta da análise existencial é a existência autêntica – existência recobrada à clareira – e isso significa a recuperação de nossa humanidade essencial, tal como Martin Heidegger a entende.

Como o rixi, o analista existencial corporifica a clareira ou abertura da existência em maior medida do que as exigências da vida cotidiana costumam permitir. Ele ou ela exemplificam o fundamento de possibilidade que é a essência mesma de nossas vidas. Com vistas a realizar isso, o rixi se retira do mundo cotidiano. O analista existencial trabalha na reclusão especial da situação e do *setting* analíticos. Como isso funciona? Medard Boss diz: "Muito mais crucial do que qualquer coisa que o analista (existencial) diga, é sua real abertura humana para todos os âmbitos da vida pertencentes à existência do paciente"[40]. Ao exemplificar a existência como clareira, a pergunta do analista "Por que não, afinal?" – que é repetida sempre de novo com o analisando – anuncia a existência do analisando a ele de um modo muito semelhante ao de uma mãe que investe seu filho com a existência[41].

– e abjurar uma fácil (ainda que complicada) explicação articulada prematuramente.

[39] Toda criança é inicialmente esta pura clareira, até que ela e o mundo sejam sistematicamente escurecidos e encerrados pelos efeitos rotineiros da socialização.

[40] *Psychoanalysis and Daseinsanalysis*, p. 149.

[41] Cf. meus escritos "Human Being and Existence. The Beginnings of an Existential Psychology", "Terapia existencial sob princípios heideggerianos", neste volume, e "Therapeutic Revalidation in

Na análise existencial, o analisando retoma sua abertura. As coisas novamente se apresentam mais prontamente e, de certa forma, a disponibilidade sem restrições do mundo na vida da criança é parcialmente recuperada. O resultado não é algo novo para se ver – a saber, o passado pessoal de alguém – mas, sim, o restabelecimento da visão – a visão das coisas elas mesmas, que nos veem e se mostram como o que sempre estivera aí. A ampliação da percepção do analisando não é resultado de maior acuidade sensorial, mas, sim, do iluminar-se das coisas, que, como nós, habitam o mundo, mas estavam no escuro como nós estávamos acerca delas. Com a recuperação da clareira, mais se ilumina para o indivíduo.

Isso faz sentido se lembrarmos do fundamento fenomenológico da ontologia fundamental de Martin Heidegger (análise da existência) que guia a análise existencial de Medard Boss. Para Martin Heidegger, a prioridade é das coisas, não do sujeito, e é por isso que a filosofia de Martin Heidegger não é uma metafísica, seja ela do tipo realista ou idealista. Porquanto a existência seja a condição para o aparecimento das coisas significativas para nós, as coisas retêm a prioridade ontológica, pois são elas que se dirigem a nós, convocam-nos, engajam-se conosco e conduzem-nos a elas. Esta visão fenomenológica contrasta vividamente com a abordagem psicológica tradicional, que se baseia nas ciências naturais e se fundamenta na metafísica, dando prioridade a consciência. Esta, por sua vez, é concebida como um holofote que explora a paisagem (interna e externa) atrás daquilo sobre o que puder lançar alguma luz e explicar.

Existential Analysis" para discussões sobre a investidura original da existência e a reinvestidura da existência como meta fundamental da análise existencial.

Para Martin Heidegger, a iluminação fornecida pela existência como clareira que clareia (*clear-ing*), ilumina o mundo, não por brilhar uma luz que pesquisa e perscruta, examinando subjetiva e isoladamente objetos separados à distância, que por sua vez, meramente refletem a luz, mas, por iluminar coisas que brilham e refletem em nós. Em resumo, a existência é a fonte da iluminação das coisas, não como uma fonte externa, mas como uma clareira que faz o mundo brilhar e nos interessar. Iluminação e interesse são indistinguíveis no momento intencional único[42].

Conclusão

O que começou para mim como a reminiscência de um breve, embora memorável, encontro com Medard Boss poucas semanas após a morte de seu professor, amigo, rixi e, talvez, ocasional paciente – Martin Heidegger – lembrou-me de um texto de Medard Boss, maravilhoso, embora pouco conhecido, sobre os "milagres" que ele experienciou enquanto descobria a cultura, a filosofia e a disciplina espiritual indianas. Relendo o relato de Medard Boss sobre os dias que passou aos pés de um rixi, em 1958, conjeturei que Medard Boss viveu uma aventura paideica semelhante nas mãos do filósofo Martin Heidegger, a quem ele ajudou a resgatar da pobreza material (Martin Heidegger estava proibido de lecionar), da desgraça profissional (a associação de Martin Heidegger com o Nacional-Socialismo iniciou nos anos 1930) e a crise existencial (sua "timidez").

---

[42] Como Martin Heidegger frequentemente dizia, a distinção entre mundo e existência é puramente formal. Mundo e existência ocorrem concomitantemente.

A conexão Martin Heidegger - Medard Boss pode ter influenciado e beneficiado ambas as partes sem os desdobramentos destrutivos que em geral caracterizaram as relações profissionais e pessoais de Sigmund Freud com seus seguidores, por exemplo. A natureza especial de sua influência mútua baseou-se inicialmente no papel de Martin Heidegger semelhante ao de um rixi, abrindo caminho para o desenvolvimento próprio de Medard Boss como terapeuta e homem. Logo, foi complementada pela postura analítico-existencial que Medard Boss assumiu ao confirmar o pensamento filosófico de Martin Heidegger, que ele vira e experimentara em primeira mão nos "milagres" centenários da filosofia indiana, ajudando, assim, que Martin Heidegger seguisse adiante. Então, ocorreu-me que o "tipo de rixi ocidental" que Martin Heidegger personificou poderia ser um modelo de analista existencial, do qual o primeiro exemplo que tínhamos era o próprio Medard Boss.

Com a publicação – finalmente – da tradução dos *Seminários de Zollikon* e das conversas de Martin Heidegger e Medard Boss sobre aspectos dos fundamentos da análise existencial, fui levado a reconsiderar a influência de Medard Boss na psicoterapia. Ele permanece como figura singular na história da análise existencial e é o único clínico que foi reconhecido pelo próprio Martin Heidegger como uma voz autêntica de seu pensamento. A amizade quase terapêutica de Medard Boss com seu "tipo de rixi ocidental" é completamente única. Podemos aprender dela, algo sobre a natureza da relação analítica existencial no seu melhor.

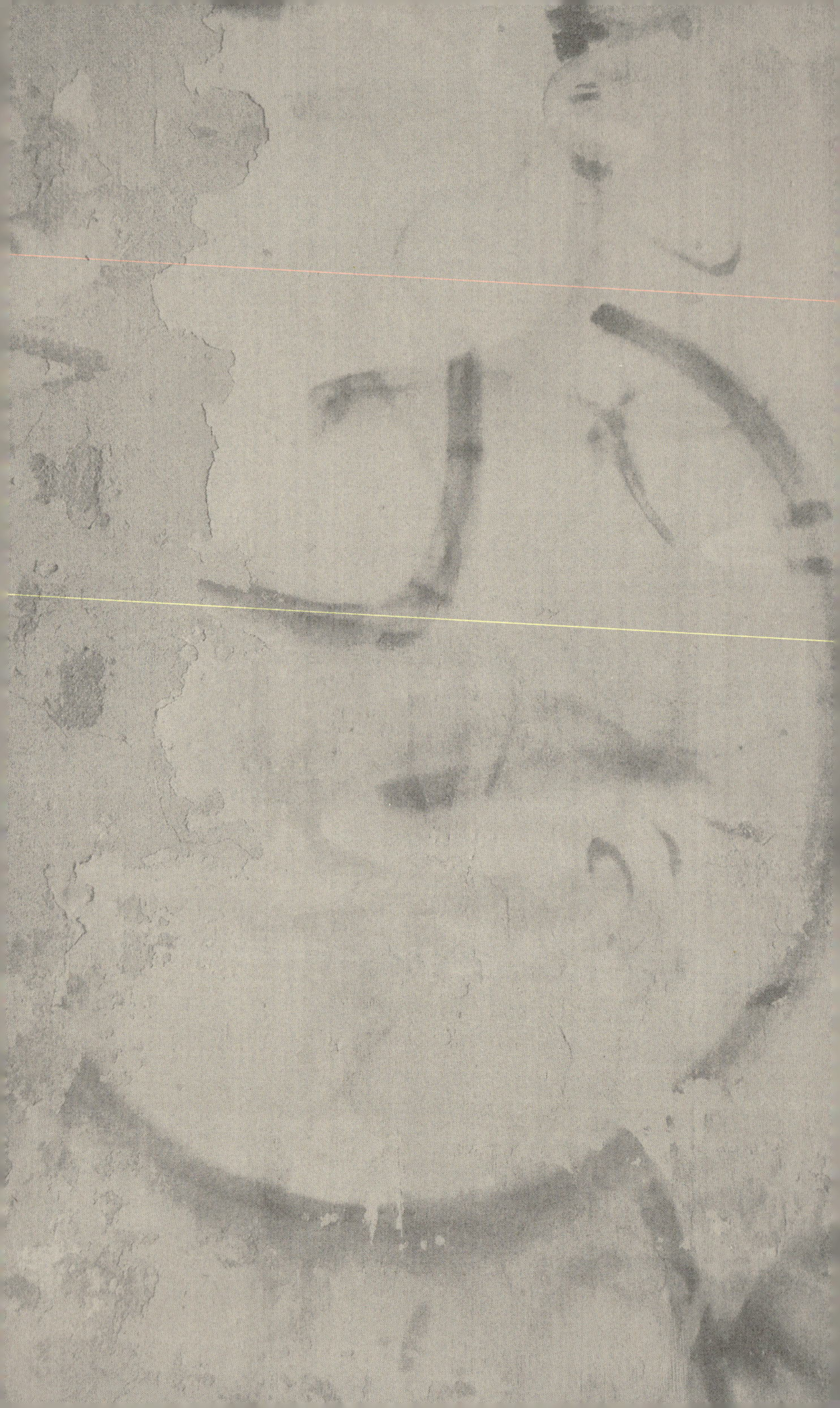

2. Ser humano e existência: Os princípios de uma psicologia existencial

Publicado em *Review of Existential Psychology and Psychiatry Psychiatry*, 22(1-3), 1990-91, pp. 116-140.

O que se segue, examina o significado dos termos ser humano e existência (o que Martin Heidegger denominou *Da-sein*), que constitui a característica singular do ser humano (*Seiende*). A distinção é fundamental para entender o que quero dizer com a *validação* existencial de um ser humano por um outro[1]. Tomadas em conjunto, essas observações são um exercício de método fenomenológico[2].

Primeiramente, algumas considerações terminológicas. O significado da existência é *ser-consciência*. Embora a formulação *ser-consciência* pareça estranha, ela é precisa. Seu sentido se tornará claro na exposição que se segue. *Consciência* é a consciência (*awareness*) das coisas da maneira que é peculiar ao ser vivo que cada um de nós é. Ou seja,

---

[1] O outro refere-se a um ser humano em sua capacidade de validar a existência de outrem.

[2] Talvez a introdução breve mais lúcida à fenomenologia e ao seu método seja "Some Leading Concepts of Phenomenology", de Alfred Schutz (1945). Eu fui influenciado sobretudo pela ontologia fundamental de Martin Heidegger (1889-1976).

baseia-se no nosso estar relacionado com as coisas mediadas por significados que lhes atribuímos. Em contraste, os animais, como cães ou gatos, estão em uma *conexão* inalterável com as coisas que são fixadas pelo instinto[3]. O termo *consciência existencial* ou consciência validante nomeia o modo de consciência que alguém é quando confrontado com a existência de outro ser humano.

A. Existência, ser humano e temporalidade

Somente o tipo humano de ser é e *existe.* Enquanto outras coisas só são, os seres humanos também existem[4]. Nosso duplo estado ontológico nos diferencia de todo o resto. Meu corpo é, mas eu existo. Meu corpo é algo à mão e tem um lugar entre as coisas da natureza, que junto com as coisas fabricadas pelos seres humanos, as coisas imaginárias, as mentais e a existência compreendem tudo o que há.

Para o tipo humano de ser, o que ele é e sua existência não são equivalentes, nem coincidentes, nem se sobrepõem. Uma consequência disto é que para o próprio ser humano, sua existência lhe escapa. Como veremos, ele exige que os outros validem sua existência e, dessa forma, deem-lhe a conhecer.

O acesso ao que se é ocorre pela abertura de sua existência aos outros. O *ser* de alguém compreende o que ele fez e o que ele pode se tornar. Seu passado particular (o que ele fez) e seu futuro possível (o que ele é livre para se tornar),

---

[3] William A. Luijpen, *Introdução à Fenomenologia Existencial.*

[4] "*Somente o homem existe. O rochedo é, mas não existe. A árvore é, mas não existe. O cavalo é, mas não existe. O anjo é, mas não existe. Deus é, mas não existe*" (Martin Heidegger, Introdução à 'O que é metafísica'. Em: *Marcas no Caminho*, p. 387).

juntos, compreendem o duplo sentido em que ele é. Somente o ser humano está na posição privilegiada de ter acesso direto e imediato ao seu passado e ao seu futuro. Os outros sabem o que ele é apenas como observadores que fazem inferências sobre seu passado e o que ele pode se tornar.

Cada um de nós é mais ou menos capaz de testemunhar o que se é. A capacidade de fazê-lo varia de acordo com as circunstâncias de nossas vidas. O surgimento do meu ser, na medida em que estou consciente dele e sei algo sobre ele, é chamado de *experiência*. Um outro aprende sobre minha experiência apenas pelo meu testemunho (a menos que por inferência, que geralmente não é confiável). O outro não pode dizer o que eu sou em minha totalidade, nem pode ter certeza sobre o que eu sou capaz de fazer (minhas possibilidades de ação).

O outro tem acesso apenas ao meu corpo e ao que eu digo e faço, mas é apenas aqui em relação ao meu corpo, suas performances e ao que eu digo que ele está em posição de validar a minha existência. Eu não consigo fazer isso sozinho. Sem essa validação, eu não sei que existo, o que equivale a dizer que eu não existo. Ao validar a minha existência, pode-se dizer que o outro verdadeiramente me traz à existência. Sem essa validação, sou uma mera coisa.

Os termos que estamos usando – existência, ser, outro e todos os pronomes pessoais – são termos temporais. A experiência só pode ser descrita em termos temporais. Os termos temporais passado, presente e futuro foram inventados para explicar o estado ontológico paradoxal do tipo humano de ser, que tanto é quanto existe. Como já observado, o que eu sou refere-se ao meu passado e ao seu futuro, enquanto a minha existência se refere ao meu *presente pessoal*. Como *uma* dimensão da temporalidade, meu presente pessoal emerge com minha existência, demarcando um antes (o passado) e um depois (o futuro) que circunscrevem o que eu, que existo, sou.

Cada existência é temporalmente única. Meu presente é só meu. Eu falo somente por mim, em meu próprio nome. A única temporalidade significativa para mim é o meu passado e o seu futuro. O tempo comum, medido por relógios e calendários que afirmamos compartilhar, é uma ficção importante. Como veremos, à medida que se emerge pela existência à experiência (o que sempre implica outros), seu presente pessoal abre uma variedade que inclui seu passado e o futuro que seu passado colocou diante dele. As noções generalizadas "o passado" e "o futuro" são ficções coletivas visualizadas como apontando em direções opostas a partir do "presente" em direção a *termini* indeterminados em um *continuum* unidirecional e orientado para o futuro. Um "presente" convencionalmente datado é designado e reificado e é nosso destino viver as consequências dessa ficção.

"O passado" e "o futuro" são os precipitados da reificação da existência. História e destino são suas manifestações na cultura ocidental. Essas ficções coletivas são tentativas de materializar o que é essencialmente a experiência privada e indisponível de cada existência individual. Quando subscrevemos às ficções do passado histórico coletivo da tradição ou do fatídico futuro do senso comum e do planejamento, o fazemos em fuga da gratuidade, singularidade e unicidade de cada existência. Entretanto, não é inevitável que o presente pessoal de alguém surja. Isso só acontece quando um outro valida sua existência. Só então o presente pessoal aparece.

Um exame atento da origem e da história do termo existência na história da filosofia (até Martin Heidegger), revela um flerte e recuo da ideia aqui apresentada, de que somente os seres humanos existem e são. Daí resultou muita confusão, muitos argumentos conflitantes e, por fim, inaceitáveis sobre o estatuto ontológico do ser humano[5].

Animais, plantas, coisas inanimadas, entidades mentais e imaginárias, incluindo Deus, são. Eles são de várias maneiras. Alguns (o animado e o inanimado) são por serem reais (seres subsistentes[6], como diria Martin Heidegger); outros (entidades mentais, como memórias e seres imaginários) são sendo ausentes física ou temporariamente, ou ambos. Mas nenhum existe. Falta-lhes um presente pessoal e, portanto, também lhes falta um passado e um futuro. As ideias e Deus carecem do presente temporal de um modo que os aprimore, tornando-os eternos e, portanto, imutáveis, enquanto o fato de os animais carecerem de um presente pessoal é uma deficiência.

Seres vivos, coisas inanimadas (incluindo todos os produtos da fabricação humana), entidades mentais e até mesmo a ideia de Deus têm significado temporal somente para nós. O ser humano é o único ser temporal porque ele ou ela existe. Tudo na experiência, incluindo as entidades mentais, carrega a marca do tempo. A eternidade – a ausência de tempo – é a ideia da ausência de uma abrangência temporal ou da compressão de um intervalo infinito em um instante atemporal (o chamado eterno agora). Os animais vivem no que pode ser chamado de um "agora" indefinido ou indiferente.

---

[5] Um estudo separado da história do conceito de existência na filosofia e seu significado para a psicologia seguirá.

[6] NT: No texto, Groth cita "steadily present on hand", que traduz o termo *Vorhandenheit*, de Martin Heidegger. Nesta tradução, segui a tradução de Fausto Castilho. Márcia de Sá Cavalcante (Martin Heidegger, 1998) o traduziu por "ser simplesmente dado".

B. Ser corpóreo e existência

Vemos a diferença entre existência e ser, mais claramente, na natureza dual do corpo humano. Como animal, um ser humano tem um corpo. Existindo, ele é o seu corpo. Os animais têm seus corpos; seus corpos lhes pertencem. Em contraste, o ser humano existente pertence ao seu corpo, o corpo que ele é (em que "é" é usado no sentido transitivo)[7].

O corpo que se *é* é o corpo ao qual se pertence, que o possui. Não devemos esquecer, entretanto, que, ao mesmo tempo, um ser humano também *tem* o seu corpo, um corpo que no seu funcionamento sempre lhe é estranho e, em certo sentido, anônimo. O corpo que um ser humano *tem* tem um passado. Como a existência, o futuro do passado desse corpo é sempre precário, possível, mas incerto para qualquer um de nós. A *angústia* é a experiência do futuro do corpo que se tem. Como tal, é uma parte essencial da vida humana.

Um ser humano tem acesso direto apenas ao corpo que tem, o corpo que tem uma certa sensação de equilíbrio e peso, mas não ao corpo que ele é (o "corpo vivido"). O corpo que se é (incluindo sua postura e estilo de se mover, por exemplo) é aberto diretamente somente aos outros. Por esta razão, o relato de um outro sobre o meu corpo nunca combina com a minha própria experiência do meu corpo (o corpo que eu tenho). O resultado disso é uma discrepância entre o que eu sei sobre o meu corpo (a minha "imagem corporal"), que determina a maneira como eu o vejo, e o que os outros sabem sobre mim como um ser corpóreo. O modo como um outro trata meu corpo, portanto, sempre produz em mim uma sensação um tanto estranha.

---

[7] Um animal vive a sua vida, mas um ser humano é a sua vida. Os animais estão conscientes, mas não podem ser consciência.

C. Validação da existência

Repetindo, o tipo humano de ser existe e é. Como um caso desse tipo de ser, cada um de nós está na posição única de necessitar de um outro para estabelecer seu presente pessoal, enquanto, por sua vez, fornecer ao outro o seu próprio presente. Só nesta base é que cada um de nós tem então um passado e um futuro. O senso de seu presente pessoal – o surgimento de seu presente – depende dos outros. É crucial durante a infância, quando a existência é conferida pela primeira vez a um indivíduo. Neste sentido, a dependência mútua é a base do *ethos* humano. Como Martin Buber disse: "No princípio é a relação".

Como a existência de um ser humano é validada por outros? Qual é a natureza da consciência de um ser humano sobre o surgimento de seu presente pessoal? Essas questões dominam o presente estudo. Mas como podemos negar a alguém a responsabilidade direta por seu próprio presente? Pois isso está implícito no que foi dito. Posso confiar aos outros a minha existência? Eu o faço, porque eu preciso. Não há escolha aqui, pois se falta validação, eu não existirei e a questão da confiança nunca surgirá. Uma criança cuja existência não é validada torna-se muito peculiar, se é que sobrevive. A depressão analítica ("hospitalismo") e o autismo infantil são exemplos do resultado da falta de validação inicial durante os primeiros meses de vida.

Uma criança cuja existência não foi consistentemente validada (o que deve ter ocorrido minimamente, a menos que tenha sido criada à parte dos seres humanos) acumula um passado mesmo assim – e esse passado terá seu futuro possível – mas quando ela tenta falar do que ela é para aqueles que falam com ela, suas tentativas vacilam. Ela pode nunca falar ou pode falar de uma maneira que não simboliza adequadamente sua experiência.

Uma criança é validada pelo que os outros fazem e dizem a ela, o que eles "fazem dela". Ainda assim, no fim, mesmo o ser humano idealmente validado existe como um estranho para os outros, uma vez que cada existência é como que uma era histórica distinta, remota e ainda estranhamente familiar. A fonte de nossa inevitável estranheza uns para os outros é a nossa singularidade temporal. Quando nos encontramos, cada um de nós descobre o presente temporalmente único do outro.

Como um outro para qualquer outro, em cada situação eu falo a sua existência. Como reconheço o estranho como "um de nós", como provavelmente um ser humano? Eu me arrisco cada vez. Eu acredito que o corpo animal diante de mim abriga uma existência. Sou quase sempre confirmado, mesmo por uma criança inarticulada que confirma a minha existência com o seu olhar humano. Nenhum animal me olha assim.

Nas semanas e nos meses primeiros de vida, meu passado faz sua primeira aparição no reflexo que me apresenta uma imagem do meu rosto na superfície dos olhos da pessoa materna. Esse reflexo me dá os primeiros vislumbres do que sou, mas qualquer imagem espelhada de mim mesmo sempre será apenas um *eidolon* irreal e frio (o *alter ego*) do que sou, já que o corpo que vejo no espelho revela apenas o corpo que tenho e apenas parte dele. Meu rosto é a primeira parte do corpo que tenho do qual sou *consciência* e, como resultado, ao longo da vida, meu rosto exemplifica meu corpo.

O outro valida a minha existência na forma como me olha, bem como no modo como me toca, pelo tom, qualidade e maneira de como fala comigo[8]. O que é dito

---

[8] Cada um dos meios de validação requer um estudo especial. Esses três meios de validação existencial foram delineados pela primeira vez por John Heron em seu manuscrito *The Phenomenology of Social Encounter*.

pouco importa no início, mesmo que o conteúdo do discurso se torne cada vez mais importante para o que eu serei. Sua qualidade tonal é significativa desde o início. Da mesma forma, mais tarde na vida, mesmo alguém falando comigo em uma língua que eu não entendo validará a minha existência, ainda que a experiência também possa trazer um relevo mais nítido para mim do que eu sou.

D. O corpo que eu sou e o corpo que eu tenho

Fiz uma distinção entre o corpo que se tem e o corpo que se é. Mais precisamente, o que se entende por essa distinção? As partes do meu corpo que eu posso ver e tocar com minhas próprias mãos e, que fazem o toque, compõem o corpo que eu tenho. As partes do meu corpo que estão ocultas da visão direta, mas que podem ser apalpadas por mim ou são trazidas à vida em sentimentos interiores de prazer e dor, também estão incluídas na *Gestalt* do corpo que tenho. Este é o corpo que tem uma certa fisionomia e um passado.

O corpo que tenho é o corpo que exercito a certas proporções que antevejo. É o corpo que eu alimento e visto. Finalmente, é o corpo que está com cicatrizes e rugas, pálido ou colorido, maquiado com cosméticos ou reconstruído por cirurgia. É o corpo que é tão alto e tão pesado, o corpo que sente. Ele escapa à minha inspeção, seja na imagem refletida na superfície de um espelho ou em bidimensionais pinturas de retratos, imagens fotográficas ou eletrônicas.

A Study in the Philosophy of Meeting (1970), cujo primeiro capítulo foi publicado como "The Phenomenology of Social Encounter: The Gaze," em *Philosophy and Phenomenological Research, 31*, 1970-71, pp. 243-264. Este é um ensaio muito rico e evocativo que tem sido pouco notado.

O corpo que tenho sente o que o toca. Perturbo-me com o corpo que tenho e sinto dor ou prazer nele. A dor causada por forças externas, bem como a dor endógena, é experimentada como ataque "contra" o corpo que tenho. Ocasionalmente, posso me surpreender e tocar uma parte do corpo que tenho com uma parte do corpo que sou (por exemplo, quando busco algo, mas distraída e acidentalmente agarro meu próprio braço). Apesar do deslocamento temporário, eu imediatamente volto a ser apenas o corpo que tenho[9]. Em percepções tão raras e peculiares, torno-me brevemente consciente do meu corpo dual e, assim, compreendo implicitamente a diferença entre o que sou e minha existência. Porém, geralmente, a experiência não dura o suficiente para "fazer a diferença" e, no mais das vezes, negligencio essas percepções anômalas. Foi um erro perceptivo, digo a mim mesmo. Se tento repeti-lo, para verificá-lo, não consigo e me sinto aliviado com o resultado do teste[10].

O que eu sinto se encaixa imediatamente no que eu sou. Encontra um lugar no meu passado, o qual estou continuamente revisando. Se é uma sensação poderosa ou de outra forma significativa, eu posso até refazer vastas áreas do meu passado procurando onde a sensação tem um lugar ou contexto. Nesse caso, a reorganização do meu passado

---

[9] Quando eu roço o corpo que *sou* deste modo, tenho uma experiência perturbadora. Lembro-me da sensação de puro "algo" (substância), como Edmund Husserl a descreve. Por exemplo, se espero provar suco de maçã, mas peguei por engano um copo de leite, o primeiro gole surpreendente não é de suco de maçã nem leite. É o sabor chocante de "algo" puro.

[10] Alguns dos assim chamados distúrbios psicóticos incluem experiências crônicas desse tipo. Para alguém perturbado dessa maneira, o corpo *que ele tem* pode até ser interpretado como um mecanismo animado ou inanimado.

que está sempre determinando seu possível futuro será especialmente dramática.

O que eu registro do que eu senti também deve "fazer sentido" para o que eu sou como o futuro que meu passado tem. Quando não consigo organizar o que sinto em relação a esse futuro, experimento pânico. A angústia ontológica da vida humana organiza o que é sentido em relação ao futuro que meu passado tem. Martin Heidegger descreveu essa angústia como uma das dimensões igualmente básicas do ser humano.

Como dissemos, não sinto a minha existência. Eu não tenho acesso direto à minha própria existência. Apenas um outro tem esse acesso. Minha existência não é nada que eu possa *ser*, mas eu posso saber sobre ela. Posso refletir sobre a minha existência "depois do fato", por assim dizer. Refletindo, posso formar uma imagem da minha presença. No entanto, como algo imaginado, reunido a partir de meus encontros com os outros, é irreal. Não pode ser descoberto por mera introspecção. A consciência da minha presença é e precisa ser mediada pelos atos dos outros.

E. Existência e experiência

A existência é onde a experiência surge, mas o existir não é experimentado. A qualquer momento, estou consciente e experimento apenas parte do que sou. A experiência refere-se principalmente ao que estou ciente de potencialmente ser, isto é, tornar-se. Eu não experimento o meu passado como tal, mas apenas como parte do futuro que esse passado tem. Dito de outro modo, minha existência é algo anterior ao que eu experimento. Mais uma vez, não sou consciente disso. Eu não experimento a minha própria existência. Eu só sei disso por analogia à existência de outros, a quem eu valido.

É importante ter em mente que a dominância do conceito de experiência em nosso modo usual de pensar sobre a existência é efeito da tradição da metafísica ocidental, na qual princípios atemporais são empregados para explicar fenômenos temporais. Lembremos da investigação de René Descartes[11]. Ela tem sido interpretada como uma meditação sobre a existência do sujeito (o ser humano). Na terminologia de nossa discussão, no entanto, trata-se apenas do que um ser humano é (seu ser), isto é, o que ele experimenta, que é principalmente futural.

O que René Descartes toma como uma relação entre o sujeito e sua consciência (que René Descartes parece identificar com o pensamento) é, na verdade, uma relação entre o que o sujeito expressa em um sistema de signos e o que o sujeito é (seu ser). De acordo com a presente análise, o ser do sujeito cartesiano é necessariamente algo à parte do presente no qual tal sujeito existe. A existência do sujeito cartesiano está, de fato, relacionada à consciência *do outro*. A famosa frase de René Descartes deveria ser lida *Cogitor ergo sum:* Eu sou pensado, logo, eu existo. René Descartes pressupõe a existência do sujeito, embora alegue estar dando-se conta dela. O que os outros pensam não é importante para a sua validação da minha existência. O que eles dizem, seu olhar e seu toque, são. Para adaptar a formulação de René Descartes à presente discussão: os outros falam a mim ou dirigem-se a mim (não falam de mim), olham-me (não me examinam) e tocam-me como um ser humano (não movido, manipulado); assim (*ergo*), eu existo.

A experiência tornou-se a preocupação exclusiva da maior parte da psicologia, a menos que se considere a virada

[11] René Descartes, *Meditações*.

para o behaviorismo, para o qual os movimentos observáveis são os únicos dados admitidos. O que é psicologia? A psicologia ocidental é o desdobramento da posição filosófica conhecida como empirismo. Toda a psicologia ocidental é atualmente a psicologia da experiência, psicologia empírica. Mas pode haver uma base para a psicologia que seja existencial. Alguns elementos de tal psicologia estão esboçados neste ensaio[12].

F. A psicologia fenomenológica e o estudo da consciência

A fenomenologia de Edmund Husserl começou como uma crítica ao psicologismo. Sua psicologia fenomenológica não é psicológica no sentido tradicional[13]. Falta-lhe uma base na tradição da psicologia médica (psiquiatria), psicologia de laboratório (neurociência) ou psicometria. Até hoje, a maioria dos departamentos de psicologia universitária nem sequer a reconhece como uma subdisciplina dentro da psicologia acadêmica. Ela é ensinada apenas em um punhado de universidades.

A psicologia fenomenológica está preocupada com o que acontece *antes* da linguagem (ou qualquer outro sistema semiológico) mediar, refletir e interpretar os atos imediatos de *ser-consciência* que foram caracterizados pela psicologia tradicional, dentre eles perceber, pensar, sentir, lembrar, imaginar, valorizar, sonhar e assim por diante. Suas análises se

---

[12] As psicologias existenciais de Rollo May e outros ainda começam com a experiência.

[13] Veja as palestras que Edmund Husserl deu durante o semestre de verão de 1925 na Universidade de Freiburg, publicadas em inglês como *Phenomenological Psychology*.

concentram nos atos de *ser-consciência* e seus objetos. Mesmo com a sua singularidade, a psicologia fenomenológica ainda começa com a experiência, a experiência de *ser-consciência* de alguém. E a experiência implica consciência. Há muito a aprender com as análises pelo método fenomenológico de *ser-consciência*, mas, graças a Husserl, vemos que *ser-consciência* não é um poder unificado como a psicologia tradicional havia ensinado. A estrutura e, portanto, a natureza de *ser-consciência* varia de acordo com o que reivindica sua atenção, toma como seu objeto e, assim, tem como seu conteúdo. Estes são diferentes modos de *ser-consciência*, não estados de consciência.

Ser-consciência atende ao que o confronta[14]. É a própria relação entre seus atos e seus objetos. A *estrutura* da relação varia com o tipo de objeto do qual há consciência (ideia, percepções, imagens, memórias e assim por diante). Atos de imaginar a consciência, por exemplo, são, portanto, estruturalmente diferentes dos atos de perceber a consciência ou atos de recordar a consciência. Isso pode ser resumido dizendo que *ser-consciência* é *intencional;* isto é, tem a estrutura de uma relação determinada pela natureza do objeto do qual há consciência.

A fenomenologia tem se esforçado para estudar os tipos de relações de *ser-consciência* em seu estado puro antes que eles sejam distorcidos pela interpretação que a linguagem invariavelmente lhes impõe. Busca recuperar os dados reconhecidos e estudados pelos psicólogos acadêmicos, mas na sua forma original, purificados tanto quanto possível das formas preconceituosas de ver os atos e conteúdos de

---

[14] A atenção, que tem uma importante dimensão emocional, é *ser-consciência* (como uma relação) da perspectiva do corpo em contraste com o objeto do *ser-consciência*.

ser-consciência que o ponto de vista científico natural introduz. Segundo Husserl, *ser-consciência* é sempre *concreto*, mas seus dados são privados de sua concretude após a interpretação linguística, que sempre efetua uma transformação abstrata (isto é, simbolizando). Sobretudo, a linguagem produz tais abstrações dos dados concretos da consciência.

A consciência que sou em relação ao meu ser difere do *ser-consciência* que um outro é em relação ao meu ser. Com essa distinção, a questão da minha existência se abre para a psicologia. A questão da psicologia existencial torna-se então: a minha experiência da existência do outro e *pari passu* a experiência do outro da minha existência. Minha própria relação de consciência com meu próprio ser ocorre com relação a uma dimensão do que sou: meu futuro. A consciência do meu passado é, portanto, acessível somente quando direcionada para este futuro e ocorre na forma do que chamamos de lembrança. Consciência do meu futuro como tal ocorre nas formas de desejar, ansiar, fantasiar e reverenciar, todas que são modalizações da vontade[15]. Somente o outro pode ser consciência do meu presente. A consciência de alguém da existência de um outro tem seus

[15] Como qualquer modo de consciência, querer é querer algo determinado. O mesmo vale, em geral, embora com variações importantes, para seus subtipos: desejar, ansiar, fantasiar e devaneio. Mas como o que eu quero é baseado no que eu faço do meu passado, a imaginação desempenha um papel essencial na projeção do meu futuro, assim como na retomada e revisão do meu passado na lembrança. Também o querer não se baseia apenas no que eu sou. Deve, igualmente, ter em conta o que os outros são e isso inclui o que eles fazem que afeta a minha existência. As características da lembrança e do querer só podem ser compreendidos estudando os objetos peculiares a esses modos de *ser-consciência*. A lembrança é provavelmente o modo mais enigmático de *ser-consciência*. Algumas observações sobre o tema são dadas no Apêndice II, adiante.

próprios atos característicos. Como veremos, a existência é um objeto para a consciência diferente de qualquer outro.

G. Consciência da existência e validação do outro

Quando um outro é consciência da minha existência, ele é consciência de *nada* entre nós. Ou seja, sua consciência de minha existência não é de nada do que eu sou; não é consciência de nada do que *sou*, de qualquer parte do meu ser. É simplesmente a consciência da própria ausência de algo entre a sua existência e a minha existência[16]. A chave para entender isso, é claro, é que, para Martin Heidegger e para os analistas existenciais, "nada" é precisamente a *fons et origo* das possibilidades.

Inicialmente, na vida cotidiana, o outro fica cara a cara com a minha existência e eu com a dele, mas nessas ocasiões geralmente há muita coisa de fato entre nós, incluindo, em particular, o corpo que cada um de nós é e uma série de preconcepções, lembranças e afins. O encontro existencial começa nessa base. Quando um outro toma consciência da minha existência, no entanto, todas as coisas disponíveis entre nós sobressaem, incluindo especialmente os nossos corpos, que tendem a assumir uma importância exagerada. Logo, há literalmente tudo entre nós dois e o nada da existência um do outro é perdido de vista. Este plenário determinado, embora ordinariamente inexplícito, consiste em tudo o que está à mão entre nós e com o que podemos nos ocupar. As coisas que manipulamos, organizamos e usamos são os lugares onde nossos atos de *ser-consciência* se encontram e se cruzam. *As coisas são lugares* onde o que eu sou encontra

[16] Este nada não é um vazio sem sentido. É comparável ao nada do que é "visto" no escuro ou "ouvido" em silêncio absoluto.

o que o outro é. Nós nos encontramos principalmente nas coisas que somos mais imediatamente, ou seja, nossos corpos.

Deveria estar claro, a esta altura, que minha existência não se encontra em nenhum lugar entre as coisas que o outro e eu temos entre nós e em comum. Se procurarmos um ponto palpável de acesso à existência um do outro, algo para perceber, por exemplo, decepcionamo-nos, mas é por isso que nós voltamos repetidamente um ao outro. Por que retornamos a certos outros é uma outra questão. A assim chamada atração instintiva entre os seres humanos, que tem sido foco de tanto estudo por psicólogos (especialmente psicanalistas) é secundária em relação ao nosso encontro existencial.

Se o outro procura a minha existência na superfície visível do meu corpo (o corpo que eu sou), ele fica desapontado. Só os meus olhos parecem prometer admissão à minha existência. Veremos por quê. Como a validação existencial, o fracasso de cada um de nós em fazer algo da existência do outro é mútuo. Minhas tentativas de fazer algo a partir da existência do outro são repetidas. O fracasso é interminável, mas por isso mesmo validamos repetidamente a existência um do outro. Podemos encontrar uma pista para o que está acontecendo nesses esforços incansáveis no que poetas e filósofos tentam articular ao falar sobre o amor. Entendido em certo sentido, amar é o meio pelo qual se supera o inevitável fracasso em abarcar a existência do outro. Eu amo a existência do outro, não o que ele é. O amor prolonga o nada entre nós. No amor, restabelecemos as coisas que já estavam à mão entre nós, mas agora em uma nova configuração. O vazio da minha existência e da existência do outro, onde o amor primeiramente ocorre, nunca se preenche. Na verdade, ele é mantido aberto pelo amor. Ele não pode ser preenchido, e é por isso que o amor deve ser inesgotável.

O significado do corpo do outro tem muito a ver com a determinação da natureza do amor, que assume diferentes formas: o corpo que é cuidado no amor materno, o corpo erótico do amor sexual, o corpo valorizado por si mesmo no amor filial, e assim por diante.

O exercício de *poder* sobre um outro é outro meio de lidar com o fracasso de fazer algo com sua existência, mas se dirige para o que o outro é e, portanto, para o corpo que ele tem, não para sua existência e o corpo que ele é. O exercício do poder sobre um outro tenta controlá-lo, mas o controle limita a liberdade do outro. Em contraste, a validação a liberta.

Consideremos o que acontece por uma perspectiva diferente. Inevitavelmente lançado de volta ao que sou, ao validar a existência de um outro, encaro o corpo que o outro é, que agora, junto com o corpo que eu sou, tornou-se para nós as coisas primárias entre nós. O nada da existência não pode ser suportado e somos atraídos para o que está mais à mão, que são os corpos que temos. Nossos corpos, que são originalmente apenas o meio de acesso à existência um do outro, agora se tornam o foco de nossa atenção. Nossos corpos se põem entre nós, mas não como obstáculos.

A experiência resultante da validação da minha existência torna-se parte do meu passado. Assim, o outro torna-se parte do que eu sou. O futuro que estou sempre criando a partir do meu passado agora também acomoda a existência do outro, bem como o que eu o considero ser. Ou seja, meu *ser-consciência* que valida a sua existência torna-se parte do meu passado. Como qualquer outra coisa, o corpo do outro (o corpo que ele é) permanece um lugar misterioso[17].

---

[17] Quando observo certas obras de arte – uma imagem esculpida, pintada ou produzida mecanicamente (imóvel ou em movimento) de um outro,

Precisamos investigar isto mais a fundo. O que é a existência, se não é uma coisa? Que forma assume a existência do outro no que sou, no meu passado e no seu futuro[18]? Que forma assume a existência de um outro na minha experiência? Se eu tentar, não consigo me lembrar da existência de um outro. Se eu tentar imaginá-lo, surge-me apenas uma nova versão do que eu tomo como sendo o outro, que será relacionado de maneira importante com o meu próprio futuro. Portanto, escapa à minha experiência, ao meu passado e ao seu futuro. Como, então, eu experimento a existência de um outro e minha validação dele?

Validar a existência de um outro é uma instância do existir[19] pela reciprocidade da consciência existencial. Não é uma função psicológica, como lembrar ou imaginar. Não é uma modalidade do meu *ser-consciência* em nenhum sentido. Uma vez que *ser-consciência* é sempre de algo e a validação da existência de um outro é direcionada a *nada*, "do que" sou consciência quando valido a existência de um outro?

---

por exemplo – posso imaginar um corpo que pode despertar meu desejo sexual, mas a questão da existência desse ser humano não se coloca. É também assim com uma memória de alguém. O outro não pertence a uma representação plástica ou eletrônica dele. O fato de que podemos ser excitados por tais representações é a fonte de uma frustração peculiar que é semelhante ao tipo de frustração que ocorre quando a voz de um outro é ouvida através de um receptor de telefone.

[18] Meu passado tem uma identidade, uma vida como que própria, e é por isso que falo do futuro como algo que meu passado *tem*. Acho que é a isso que os psicólogos têm se referido quando falam sobre o ego (o "mim" ou o "eu"), que não precisa ser consciência.

[19] Aqui e em todo lugar a palavra "existir" é usada em um sentido ativo. Com base em sua raiz latina, existir significa "postar(-se)" em um lugar ou situação. Ao ser validado pela existência do outro, sou posto na situação entre nós na forma como algo se destaca de tudo ao redor para a percepção. É, portanto, comparável ao surgimento da forma a partir do fundo, tal como descrito pelos psicólogos da Gestalt.

A resposta é, simplesmente, *tudo o que o outro não é*. Tudo o que o outro é está ausente em sua existência. O conteúdo do que chamaremos de "consciência existencial" é essa ausência – o nada. Mais uma vez, porém, devemos lembrar que o nada é a fonte de todas as possibilidades. Um plenário misterioso, de fato, e que se aplica somente à existência e não a qualquer coisa que é.

A experiência confirma que validar a existência de um outro depende sempre da presença do corpo vivo do outro, assim como implica a realidade do meu próprio corpo em cena. Seu *terminus ad quem*, no entanto, é uma ausência – tudo o que o outro não é. Isso não é ausência do outro na estranha situação de ouvir a voz de um outro transmitida através de um receptor de telefone, por exemplo, ou ao ver sua imagem numa tela de vídeo durante uma transmissão "ao vivo". Em tais circunstâncias, a validação é impedida em princípio, uma vez que um de nós não está aí. Onde está, então? Mas não se trata de uma questão de localização espacial. Trata-se, antes, de uma questão temporal.

Seja olhando para uma fotografia de um outro, tirada, digamos, há uma semana ou vendo uma imagem que está sendo transmitida da sala ao lado para uma tela de exibição de vídeo na minha frente, o outro está em outra estrutura temporal. Ele está em *outro quando*. Somente quando estamos face a face é que estamos presentes um ao outro, mas persiste o fato de que a consciência que eu sou da existência de um outro é de nada, uma ausência. Mas precisamos nos aprofundar no estudo dessa ausência.

Ver o cadáver de alguém que eu conheci bem, pode exigir minha validação de sua existência, mas isso não pode acontecer. A pessoa já foi, de alguma forma, esse objeto agora deitado na minha frente, e também já teve esse corpo de alguma maneira. Agora, no entanto, ele não pode existir.

Ele só pode *ser* esses restos. Ele agora está completo, um caso encerrado. Não podemos voltar a ser nada mais um para o outro. Só posso me lembrar do que considerei ser o outro e ele, assim, continua a fazer parte do meu futuro à sua maneira. Mas com relação ao que uma vez teve existência (e agora são apenas estes restos) nada de novo pode se tornar parte do meu futuro. Nem o objeto aí deitado é o corpo que alguém possa *ser*. As condições para a consciência existencial estão faltando. Se, no entanto, tento validar "sua" existência, experimento essa estranha sensação de infamiliaridade e desamparo, que é uma característica primária de nossa experiência de alguém que morreu.

É fácil entender por que a morte de alguém "não computa". Eu só posso recuperar do meu passado o que tem um lugar no meu futuro. Somente o que pode figurar no meu futuro "faz sentido". O que acontece quando o outro morre impede que ele tenha algo mais a ver com o meu passado e, portanto, com o futuro que ele (meu passado) tem.

A estranheza deriva *do nada perdido* entre nós que marcará minha relação com esse objeto daqui para frente. Estou diante de uma anomalia. O outro morto não está ausente, nem eu, presente. Quando o outro validou minha existência, ouvi suas palavras, senti seu toque e devolvi-lhe seu olhar. Agora, nada disso é possível.

Como o termo sugere, "validar" está intimamente relacionado a "valorizar". Mas a consciência existencial não é uma consciência valorizante, uma vez que só posso valorizar o que um outro é, mas não a sua existência. A consciência existencial precede quaisquer atos de consciência que revelem o outro em termos de valor, como homem ou mulher, pai ou mãe, chefe ou empregado; como um companheiro (alguém que fala uma língua que eu também falo), forasteiro ou louco (aquele cuja linguagem não faz sentido para mim), burguês ou proletário. Atos de validação da consciência também precedem quaisquer julgamentos que eu possa fazer sobre o outro que tenham significado social ou político para mim. A validação possibilita o desenvolvimento do complexo de arranjos econômicos e empresariais formais entre o que o outro e eu *somos*, bem como as condições para a vida política.

H. Os objetos da consciência

Precisamos agora fazer outras observações sobre os objetos dos atos de consciência. Um melhor entendimento deles tornará mais claro o nosso entendimento do objeto da consciência existencial. Os psicólogos tradicionalmente descreveram a vida mental como consistindo de uma variedade de faculdades ou funções da consciência, mas esse relato se equivoca quanto à natureza do *ser-consciência*.

Em primeiro lugar, como Edmund Husserl apontou, não há consciência pura de qualquer tipo existindo sozinha, sem objetos dos quais se é consciência de. Em segundo lugar, cada tipo de objeto de consciência é correspondido por um modo diferente de *ser-consciência*, que é em si uma *relação* entre alguém que é consciência e um objeto de um certo tipo (percepção, memória, imagem, fantasia, alucinação e assim por diante). Um relato do que acontece quando há consciência deve começar com os objetos da consciência, não com o outro polo da relação *ser-consciência* (o eu). Uma característica básica dos objetos da consciência é a sua natureza cinética. O que, à primeira vista, parece ser distintivo apenas das lembranças, aplica-se igualmente a todos os objetos dos quais sou consciência. Digo de uma lembrança de que "veio a mim", mas também na percepção, assim como nos outros modos de *ser-consciência*, o objeto do qual sou consciência vem a mim e me confronta, mesmo quando esse objeto é uma ausência, como é no caso da consciência existencial.

Chamamos de coisas os objetos da consciência. Uma coisa pode ser real ou imaginária, física ou linguística. *Coisa* é o termo mais geral que temos para o que quer que possa ser um objeto de consciência, que encontre as coisas que chegam a ele. Somente o que se dá ao confrontar-me pode ser percebido ou lembrado, imaginado ou sonhado, desejado ou validado, conforme cada caso. Investigações fenomenológicas mostraram que a consciência perceptiva capta apenas um "lado" ou perfil de uma coisa de cada vez. Um objeto de *ser-consciência* está sujeito a essa restrição perspectiva determinada pelo ambiente, situação ou lugar particular quando há consciência.

A noção de "um lado" na fenomenologia aplica-se em geral ao *aspecto* de qualquer coisa que se apresente a mim em qualquer modo de *ser-consciência* – exceto a consciência existencial. O que eu poderia perceber ou fazer do que o outro é apresenta-se a mim de forma perspectiva, mas não me são apresentados diferentes lados da existência. A existência não tem perspectivas. Quando digo que conheci um lado de alguém que "conheço muito bem" ou "que nunca tinha visto antes", estou me referindo ao que eu o considero *ser,* não à sua existência.

Já se mostrou que a consciência perceptiva depende, em um grau acentuado, do estado do aparato sensorial da pessoa, mas a memória, a imaginação e os outros modos de consciência também são afetados por sua disposição geral. A consciência existencial, ao contrário, é uma questão de tudo ou nada.

I. Consciência e existência

Ser-consciência é a "face" da minha existência. Está *nas* coisas das quais sou consciência. *Ser-consciência é a minha existência nas coisas que me confrontam.* Em outras palavras, a consciência existencial está na existência do outro. A caracterização da consciência em termos "onde" pode nos levar a supor incorretamente que a consciência é espacial, como as coisas no mundo natural que experimentamos, mas apenas o corpo do ser humano que é consciência (tanto o corpo que ele *tem* quanto o corpo que ele *é) é* espacial. Um objeto do qual um ser humano é consciência, é um polo dessa relação que chamamos de *ser-consciência*, mas é igualmente verdade que o corpo do ser humano que é consciência de tal objeto *é* também um ponto para o qual a relação está direcionada. Ser-consciente pode ser representado desta forma: a↔b, onde "a" é uma modalidade de ser consciência, como a percepção, e "b" é um objeto dessa modalidade. Meu *ser-consciência*, então, é direcionado tanto para mim quanto para os objetos que me confrontam. Os psicólogos empíricos assumiram equivocadamente que a consciência é unidirecional, como uma flecha apontada, por um ego, para um objeto de interesse para ele[20].

Com relação ao corpo de um outro, quando valido sua existência, meu *ser-consciência* está no corpo do outro (centrado em seu rosto, como tem sido desde a infância) tanto quanto *no* meu próprio corpo (embora seja difícil localizar esse lugar no meu corpo). O que se entende por "em" ("no") nessas formulações? Podemos pensar nisso como sendo usado em um sentido temporal, como na frase "Eu vou encontrá-lo às 10 horas desta noite". Dizer que a consciência que sou está em seu objeto significa que ela confere à coisa a minha

---

[20] A consciência perceptiva também não é como um farol que procura coisas interessantes no mundo físico ou antenas que amostram o ambiente procurando coisas estimulantes ou úteis. Ela não funciona como um mecanismo.

temporalidade, o tempo da minha existência. *Ser-consciência* é, portanto, sempre inicialmente assíncrono com o meu corpo. Mesmo quando relembro, fantasio ou sonho, meu *ser-consciência* está de alguma forma distante da temporalidade do meu corpo.

O que isso significa é que ao *ser-consciência*, minha existência está efetivamente no *lugar* do objeto da consciência que sou, não "em" mim ou onde meu corpo está fisicamente. Em vez disso, minha existência está espalhada sobre os objetos que me confrontam, sejam eles físicos ou mentais, reais ou imaginários.

Consideremos, a título de exemplo, a seguinte sequência de eventos: andando de ônibus, estou me lembrando do meu apartamento e fico na dúvida se alimentei meu gato. Outra pessoa se senta ao meu lado e seu braço toca o lado do meu corpo. Meu *ser-consciência* está em outro lugar; na verdade, está "distante" de onde nossos corpos se tocam. Sendo tocado, no entanto, minha consciência é atraída de volta para dentro do horizonte temporal do corpo do meu companheiro de viagem. Meu *ser-consciência* está agora em seu corpo. Meu corpo, tocado pelo braço do outro, é agora o *topos* da minha consciência perceptiva.

O *topos* do *ser-consciência* é uma noção temporal. A percepção e todos os outros modos de *ser-consciência* são temporais. Olhando para uma paisagem, estou no jogo cintilante de luz e sombra. Ouvindo música, meu *ser-consciência* se impregna no ar que suporta as vibrações dos instrumentos que estão sendo tocados e é levado pelo fluxo da melodia[21].

---

[21] A temporalidade da percepção auditiva é mais fácil de captar do que a da percepção visual.

O modo como a psicologia empírica entende, isto é, que começa com uma consciência independente que perscruta ativamente e objetos estáticos aos quais se adiciona movimento, não corresponde à experiência. Quando me lembro de alguém, minha consciência está no "quando" eu o vi pela última vez ou espero vê-lo. E quando eu valido a existência de um outro, meu *ser-consciência* está em sua existência. A noção do *topos* em que *ser-consciência* reúne uma modalidade do meu *ser-consciência* e um objeto é uma noção completamente temporal. Dizer que *as coisas são lugares* significa que os objetos da consciência são temporais. Como *ser-consciência*, a pessoa está presa em uma relação entre sua existência e o objeto que confronta a existência (*existerende*), como Kierkegaard, uma vez, chamou o ser humano existente[22]. A relação varia de acordo com o tipo de objetos dos quais se é consciência.

A formulação terrivelmente desajeitada que tenho usado, sem muito comentário, pode agora ser vista como correta e útil para o que ela indica, porque me permite pensar na consciência de uma maneira relacional não causal. A noção de consciência como um mecanismo unidirecional faz da consciência a causa da percepção de objetos, da lembrança de traços de memória ou da formação de imagens. Neste caso, a consciência tem sido pensada como que funcionando como uma agência de um ego estático. E estou desafiando essa visão.

Como se origina a existência, característica exclusiva do ser humano[23]? Uma criança ganha sua existência, o que

---

[22] Søren Kierkegaard, "Den Existerende," *Concluding Unscientific Postscript* (1941), p. 468.

[23] Edmund Husserl e Martin Heidegger não têm nada a dizer sobre a "psicologia genética" da consciência. No entanto, é precisamente no

equivale ao *ser-consciência*, graças aos atos de validação que seus cuidadores proporcionam[24]. Primeiro, a criança se torna consciente de seu próprio *ser-consciência* em face do outro que valida sua existência quando ela, por sua vez e sem perceber, valida a existência do cuidador. Muito antes de poder falar, a criança devolve "o favor" da validação existencial com o seu olhar. Assim, mesmo nas primeiras ocorrências, a validação é mútua, embora a expectativa do cuidador adulto da humanidade da criança abra o caminho.

Que tipo de objeto é o meu próprio *ser-consciência* para mim? Esta é a questão que instigou a pesquisa de Husserl. Para se preparar para responder à pergunta, é necessário entender ainda mais precisamente o que a psicologia existencial entende por um objeto de consciência. A psicologia existencial tem suas origens na fenomenologia, que retira o nome do termo *fenômeno*. Um fenômeno designa uma coisa que direta e concretamente – isto é, significativamente – se dá a mim, sem mediação nem qualquer tipo de versão mentalmente processada. A fenomenologia tenta estabelecer as condições reflexivas que disponibilizam para exame, os fenômenos tais como se apresentam eles mesmos. Psicólogos, desde o filósofo inglês John Locke, acreditam que nunca experimentamos as coisas diretamente, mas que parte da barganha de "ser consciente" é que a consciência (como a agência de um ego executivo central) é direcionada a

---

alvorecer da consciência na infância que podemos ver a conexão entre consciência e existência. Um dos objetivos deste ensaio é restaurar a perspectiva "genética" da psicologia fenomenológica.

24 Sobre isto, lembro-me muito frequentemente do que Jean Beaufret disse em 1983: "Em vez de consciência, Martin Heidegger usou a palavra Dasein [*Au lieu de conscience, Heidegger dit Dasein*]." Este comentário está publicado em Eryck de Rubercy e Dominique Le Buhan (eds.), *Douze Questions posed à Jean Beaufret à propos de Martin Heidegger*, p. 69.

representações mentais das coisas (versões) dentro da mente do sujeito experimentador. Este é um dos pressupostos do empirismo filosófico, que a psicologia, como disciplina, vem trabalhando. A psicologia científica (em todos os seus cem anos) acredita que as representações mentais são os objetos da consciência. Parece claro, no entanto, que não há garantia de que as coisas, tal como são representadas por mim, correspondam às coisas tal como são para você, por exemplo. Isso, a menos que concordemos em basear nossa explicação de "representação mental" nas estruturas do cérebro que podem ser observadas lado a lado por meio de processos simultâneos de imagem. Nesse caso, cérebros que respondem de forma idêntica presumivelmente forneceriam evidências de representações idênticas do mesmo objeto externo[25]. A doutrina atual da psicologia fisiológica, que é atualmente o tipo mais sofisticado de psicologia empírica, oferece exatamente essa explicação. Mas esse relato reflete o que experimentamos?

Aqui está o ponto. Sua experiência das coisas é diferente da minha, porque as coisas que se apresentam a você são diferentes das coisas que se apresentam a mim. A questão não é a identidade (presumida) dos estados cerebrais, mas a suposta semelhança das coisas percebidas. Nossas representações são diferentes porque as coisas são diferentes para você e para mim. Como elas aparecem (em um sentido ativo) depende do que o meu mundo, no qual as coisas me confrontam, é para mim. O que significa que eu dependo tanto das coisas para ser quem eu sou quanto as coisas dependem de mim para o seu significado. Este "quem eu sou" é a minha existência.

A maioria concordaria que nossas memórias, sonhos, alucinações e fantasias são únicas para nós, mas isso também

[25] Nossas variantes mais complexas e produzidas em privado sobre essas ideias ou representações primárias são outra questão.

é verdade para nossas percepções, que antecedem os outros modos de *ser-consciência*. Você e eu não precisamos nos preocupar em encontrar uma explicação para como alinhar nossas representações umas com as outras, a fim de ter alguma garantia de que compartilhamos o mesmo mundo real, já que as coisas são diferentes para cada um de nós. Isto não desafia a realidade medida pelos físicos, apenas diz que não experimentamos o mundo tal como os instrumentos eletrônicos o registram. Se eu sou um arquiteto, as torres do World Trade Center eram algo diferente do que se um turista as visse pela primeira vez, ou um potencial suicida, ou acrofóbico, ou... Cada um de nós as perceberia de modo diferente porque são lugares (*topos*) diferentes para cada um de nós[26]. Da mesma forma, uma sala de aula da faculdade é diferente para um aluno, um inspetor de construção do Estado, um funcionário da manutenção, um professor ou o reitor da faculdade porque é um lugar diferente para cada um deles.

O problema da realidade do mundo foi tomado como um problema pelos fenomenólogos, mas, pelo fato de ser supérfluo no que tange o funcionamento do *ser-consciência*, desapareceu. Com isso, a necessidade de um mundo interior também desapareceu. Um mundo interior é necessário para abrigar representações mentais, mas se tais representações são irrelevantes para a discussão do *ser-consciência*, não há necessidade de tal "segundo mundo" que supostamente espelhe ou replique o mundo real[27].

---

[26] O empreiteiro vê tensões de várias massas equilibradas na construção da sala de aula, enquanto o professor e seus alunos sentem tensões de um tipo diferente.

[27] Conjeturo que antes da invenção de tal mundo interior, as coisas não foram concebidas como aprendemos a "vê-las": separadas de mim pelo meu corpo, entendidas como uma barreira entre os âmbitos interno e externo que requer a intervenção dos meus sentidos para atravessá-la,

O assim chamado mundo privado de percepção, memória, imaginação e motivação que tem sido explorado extensivamente pelos psicanalistas, nada mais é do que o meu passado e, acima de tudo, o seu futuro, que, no entanto, também estão lá nas coisas das quais sou consciência quando me lembro, desejo ou imagino. Também é assim para alucinações, fantasias e sonhos, que também estão lá nas coisas que os exigem.

Todas as evidências fazem parecer provável que a consciência nunca seja completamente extinta, mesmo durante o sono profundo ou enquanto sedada por anestesia geral. O brilho do meu *ser-consciência* corresponde ao grau de sua abertura – o que Martin Heidegger chamou de clareira da existência – em relação às coisas das quais é consciência. Isso varia desde a abertura mínima à estimulação sensorial que prevalece durante o sono profundo até o pleno brilho da consciência enquanto valida a existência de um outro.

Eu posso agora, finalmente, retornar à questão levantada anteriormente: que tipo de objeto é o meu próprio *ser-consciência* para mim? A resposta está implícita no que acabamos de dizer. Vimos que sua origem está com aqueles que primeiro validam minha existência e seu local é o corpo que sou. Meu *ser-consciência* é uma resposta às coisas que me pedem significado, mas esta relação que caracteriza o *ser-consciência* não pode se tornar um objeto para a minha consciência. Devo concluir que é tão elusivo quanto a minha

---

a fim de introduzir a matéria-prima para representações de objetos externos no interior da minha mente, onde são gravados e armazenados. Independentemente do motivo por qual foi concebido, o assim chamado mundo interior não está em lugar algum para ser encontrado. De todo modo, como vimos, não há necessidade desse conceito para explicar como os objetos da consciência nos confrontam.

existência. Eu só sei a respeito pelo *fato* da minha existência, de que eu existo, que os outros instanciam. Meu *ser-consciência*, como a "face" da minha existência, não se mostra para mim exceto nos rostos dos outros.

J. A existência do outro, mais uma vez

Concluirei com outro olhar para o outro. Considere este cenário: um estranho entra na sala onde estou sentado, lendo, e se senta em uma mesa a poucos metros de mim. Olhamos um para o outro e trocamos olhares. Volto ao meu livro. O estranho sai, sem ser notado por mim. O encontro entre nós foi breve, mas validamos a existência um do outro. O que aconteceu?

O corpo do estranho entrou no meu campo visual e se tornou um padrão de objetos para a minha consciência perceptiva. A aparência visível de seu corpo foi precedida por alguns indícios audíveis da proximidade de algo em movimento, talvez de algo vivo. O ritmo dos passos era familiar. Era o ritmo único do movimento bípede – caminhar. Minha expectativa de que era um ser humano foi confirmada quando vi a figura. Era o que parecia ser um adulto homem com uma certa fisionomia. Em que momento validei sua existência?

Eu diria que, quando nossos olhares se encontraram, aconteceu a validação. Não nos tocamos, nem trocamos uma palavra. Qualquer um desses eventos teria tido o mesmo efeito, no entanto. Embora os três meios de validar o outro tendam a ocorrer juntos, um é suficiente. O mais antigo dos modos igualmente básicos de encontro – o olhar – é, de certa forma, o mais poderoso, mas a validação é igualmente vividamente exemplificada pelo aperto de mão que duas pessoas trocam ou por se cumprimentarem pelo nome à distância.

E aqueles "bípedes sem penas" andando na calçada do lado de fora ou sentados do outro lado da sala, de costas para mim? Eu infiro certas características prováveis do que cada um deles é – que eles estão vivos, não são cadáveres, são homens ou mulheres, crianças ou adultos – mas só isso. Eu acredito em algo sobre o que eles são, mas isso não tem nada a ver com a sua existência. A validação da existência deles requer a validação simultânea da minha existência por um deles. Coisas naturais e coisas fabricadas, imagens e lembranças das quais sou consciência, todas me confrontam como seres, mas outro ser humano não me confronta dessa maneira (embora a socialização possa tornar o encontro menos provável).

O olhar, o toque humano e a fala estão ausentes nos seres não-humanos. Outro ser humano não é apenas uma coisa, como um gato ou um telefone. Ele também é isso, mas antes de tudo e principalmente, ele existe.

No exemplo que acabamos de dar, a existência do estranho era mais do que sua presença física como ser humano, embora sem isso ele pudesse muito bem ser um robô bem projetado. Minha existência significa algo somente para outro ser existente. Para o meu gato, falta significado. Tudo o que importa para o meu gato é o que eu sou, especialmente como seu alimentador confiável.

O paradoxo humano de ser e existir fica, agora, claro. Ali está um ser humano e tudo o que eu infiro que ele seja, mas tudo o que está diretamente acessível a mim é a sua existência. Inversamente, sua própria existência está inacessível para ele. Ele exige isso de mim e eu lhe forneço em atos de validação existencial. Meu acesso à sua existência é crucial para ele. Surpreendentemente, como vimos, ele me apresenta algo faltando, ausente, que não está lá; a saber, tudo o que o outro não é.

A intimidade é o esforço para superar de algum modo a ausência que a existência de um outro abre quando eu a valido. Um outro a quem tento impedir de validar a minha existência torna-se invisível. Tento ver além dele, recusando-me a reconhecer sua existência. Eu o fixo como um espécime do que eu o considero ser ou tento ver através dele. Este é o olhar do profissional, especialmente do médico clínico que me olha com os olhos de um anatomista. Eu sou o "cadáver vivo" que ele trata, opera e gerencia como um caso.

Quando um outro ser humano me confronta, se eu quiser recusar-lhe a validação de sua existência, eu ignoro seu olhar, evito seu toque e ouço apenas as informações que suas palavras comunicam. Eu olho para o lado, me arrepio quando o outro roça minha mão, eu ignoro a voz dele[28]. As crianças, os muito idosos e todos os tipos de pessoas forasteiras (pacientes, estrangeiros, não-crentes) têm rotineiramente recusados seus gestos de validação dessa maneira. Embora pareçam nos confrontar como seres humanos, ao recusarmos os seus gestos validadores, negamos a sua existência. Tornam-se objetos animados, meros funcionários ou, no máximo, objeto da assim chamada observação, pesquisa ou tratamento desinteressado, um grupo a ser estudado pelas ciências empíricas e tratado (servido) graças às ministrações das profissões de ajuda. Assim, eles não são mais estranhos, mas, sim, genuínos in-válidos: eles carecem da validação de sua existência e da ocasião para validar os outros. Seu significado está em ser recusado. Resta-lhes ser apenas o que são.

---

[28] Isso tem sua contrapartida na "alucinação negativa", um ato bem conhecido de consciência perceptiva que ocorre quando eu quero ignorar ou desligar um som irritante ou tagarelice incômoda.

Apêndice I: A existência e o inconsciente

Há um lugar para o inconsciente dinâmico, como descrito por Sigmund Freud[29], neste relato do ser humano e da existência? Uma vez que, por definição, eu não posso conhecer o conteúdo daquilo do qual eu não sou consciência, ele não é parte do que eu me reconheço como mim mesmo. No entanto, isso significa que os determinantes inconscientes não desempenham um papel na minha *existência*? Parece que essa é precisamente a sua área de eficácia.

Meu inconsciente parece ter uma natureza tripla. (A) O inconsciente é o que eu não sei mais sobre o que sou. Ou seja, é parte do que eu sou implicitamente, o que não pode, no momento, encontrar um lugar no meu passado que pertence ao meu futuro. Esses conteúdos podem ou não estar sujeitos a complementação por outros. Nesse sentido, o inconsciente é o que recordo do meu passado durante a psicanálise, por exemplo. É o inconsciente como o que eu esqueci e esqueci que esqueci. (B) O inconsciente, segundo a versão renovada da psicanálise de Jacques Lacan[30], também pode ser pensado como o conhecimento que outros têm de mim e sobre o qual poderiam falar, caso decidam por isso. (C) Finalmente, o inconsciente pode ser pensado como parte do nada que o outro valida quando valida a minha existência.

Apêndice II: memória e pensamento

A memória é um dos dois modos igualmente básicos de acesso ao que eu sou. Em que sentido posso dizer que

---

[29] Sigmund Freud, *A Interpretação dos Sonhos*, especialmente o cap. 7.

[30] Cf. Jacques Lacan, "Fala vazia e fala plena na realização psicanalítica do sujeito", em *Escritos*, p. 248-266. O inconsciente é "o discurso do outro", o que o outro sabe e pode dizer.

recupero ou recapturo meu passado na lembrança? O que é a memória? O inglês é confuso sobre os vários sentidos da memória, chamando todos os três – reconhecimento ou registro, retenção e lembrança – de lembrar[31]. Preocupar-me-ei aqui com a memória como recordação, e somente me referirei perifericamente aos outros aspectos da memória. Uma lembrança é um evento, não um item do repertório mental de traços de memória. Não é um tipo peculiar de representação. A lembrança é baseada em algo real – uma percepção ou imagem. A ocasião para lembrar pode ser vaga e evasiva[32]. Uma vez em andamento, no entanto, uma lembrança geralmente gera mais lembranças. Ao lembrar, algo novo é produzido. A lembrança é muito parecida com a imaginação. Alguns disseram que são o mesmo[33]. Certamente estão intimamente relacionadas. Se a produção for

---

[31] Os objetos da retenção são percepções ou imagens. Isto parece claro sobre a retenção: um objeto dela não é uma única percepção ou imagem, mas, sim, um todo significativo composto de muitas percepções ou imagens, uma *Gestalt* ou padrão de elementos perceptivos e imaginários. O resultado de um ato de retenção (o que geralmente é chamado de "uma memória" ou "traço de memória") é um dos temas mais difíceis para os psicólogos. Vou omitir a consideração do problema aqui, uma vez que as memórias propriamente ditas (lembranças) não dependem de conteúdos fixos ("traços de memória"), mesmo que existam. O reconhecimento, tal como o termo implica, é, de fato, um problema de conhecimento. Também passarei por cima de um tipo inteiramente importante de lembrança: o sonhar. Ver apêndice II.

[32] A psicanálise demonstrou a eficácia até mesmo das percepções aparentemente mais periféricas ou marginais (uma palavra falada, por exemplo) para evocar uma lembrança.

[33] "Lembrar é pensar ou imaginar", diz Plotino, *Enéadas*, 4.4.3., na tradução por W. K. C. Guthrie citada por Kate Gordon (1937) em seu artigo "Memory Viewed as Imagination", p. 113. "(...) a imaginação e a memória são uma e mesma coisa, que, por várias razões, tem nomes diferentes", diz Hobbes no *Leviatã*, I.ii, p. 19. Cf. também Mary Warnock, *Memory*.

vívida, uma lembrança pode atingir a intensidade quase perceptiva de revivência ou mesmo alucinação ou pesadelo.

O que confronta o *ser-consciência* na lembrança? Na lembrança, a imaginação recria o passado. Não se trata de reproduzir traços fixos de memória, os lendários constituintes dos sistemas de memória. Deve estar claro, agora, que tais "traços" são uma espécie de versão materializada da representação mental. Se tais vestígios não estiverem estabelecidos em algum lugar (e eles continuarem a iludir a conceituação adequada e a descoberta pelos neurologistas), cópias deles não poderão ser reproduzidas. É evidente que o cérebro não contém um vasto suprimento de instantâneos ou mesmo imagens em movimento que estão sendo mantidas em armazenamento, só esperando para serem retiradas dos "arquivos" do tecido neuronal e projetadas na "tela" de uma consciência perceptiva nova e de segunda ordem de um ego interior. A lembrança é produtiva, não reprodutiva. A lembrança revisa o passado ao revivê-lo, à medida que ganha repetidamente a paridade ontológica com o que é percebido. A recordação toma o seu lugar como parte dos projetos do meu futuro. A lembrança, portanto, sempre começa com algo percebido (não importa quão marginal ou sutil) e, em seguida, reconfigura o futuro de acordo com as exigências do futuro. Acrescenta um acento ou valência da realidade ao futuro. Em contraste, um índice de "irrealidade" (ausente, exceto em sonhos e alucinações) acompanha os produtos da pura imaginação. Eu lembro para rever o meu passado. Sonho com a mesma finalidade.

A lembrança não é de cenas ou incidentes isolados. Em certo sentido, eu me lembro de todo o meu passado (tudo o que eu sou) toda vez que me lembro. Recordar reinventa o meu passado tal como ele é possuído pelo meu futuro. Eu "ergo" meu passado em lembrança da mesma forma que levanto uma questão. Como veremos, memória e pensamento (entendido como questionamento original) são semelhantes. Em atos de consciência rememorante, eu me torno consciente do movimento contínuo do pensamento original. Para ajudar a esclarecer o significado da lembrança compreensiva, vou olhar brevemente para o que se chama pensar.

Antes de sua articulação em uma linguagem natural ou algum outro sistema semiológico, como a matemática ou a música, um dos sistemas de geometria ou mesmo um sistema gestual, pensar é perguntar. O pensamento original pergunta; é interrogatório[34]. O pensamento não ocorre em frases, como tem sido tantas vezes sugerido por aqueles (desde Platão) que identificaram pensar com uma espécie de conversa silenciosa consigo mesmo[35]. Somente o chamado pensamento calculativo ou pensamento que "resolve problemas" (o que os psicólogos empíricos chamam de cognição) faz uso da abstração de sistemas semiológicos para construir âmbitos de linguagem, música, matemática e dança. O que chamarei de *pensamento original* (ontológico ou o primeiro "ver" do mundo) é a fonte de todos os sistemas semiológicos. Tal pensamento precognitivo trabalha diretamente com os fenômenos, que são seus elementos. A natureza do pensamento original é questionar quaisquer que sejam as coisas que um deles fornece. O pensamento original perturba precisamente o que a atividade cognitiva pressiona para a aceitação. Só ocasionalmente é que a natureza essencialmente

---

[34] As frases interrogativas, que introduzem o modo de possibilidade na linguagem, são uma transformação do modo declarativo ou indicativo.

[35] A lembrança, no entanto, pode ocorrer como uma subvocalização de fragmentos isolados ou frases completas. Escrever é apenas essa lembrança em frases.

interrogativa do pensamento original se revela. Viver em (e para) tais momentos de revelação é a vocação dos filósofos. Se, como alguns dizem, a filosofia esgotou seu curso e está no fim, é porque os filósofos não reconhecem mais a natureza do pensamento original e querem explicar as coisas exclusivamente à maneira das ciências cognitivas (isto é, psicologicamente), tendo decidido que os "problemas" da filosofia estão aí para serem resolvidos usando as técnicas da ciência positiva redutiva.

Pensamento e lembrança originais trabalham com o passado de maneiras absolutamente contrastantes. Pensar toma o passado de alguém como uma pergunta. A lembrança, ao contrário, confere a realidade ao passado, apresentando-o no modo expressivo do presente do indicativo como algo fixo e real. A lembrança envolve imaginação. O grande romance de Marcel Proust, *Em Busca do Tempo Perdido,* exemplifica o processo de lembrança como descrito aqui. O mesmo acontece com a psicanálise, na qual as "construções" do analisando não são efetivas com base em sua correspondência com o que um registro do passado mostraria que "realmente aconteceu". O passado pessoalmente real é o que importa. É o trabalho de lembrança como descrita aqui.

Todo pensar é perguntar (ou duvidar, como sugeriu René Descartes). Porque eu penso, a certeza do que está acontecendo e do que é real se torna questionável. Ou talvez seja mais bem expresso do modo contrário. Porque o que está dado é duvidado ou considerado errado, eu penso. Talvez tenha sido essa característica do pensamento que René Descartes tentou expressar.

A próxima pergunta, ou talvez a pergunta básica, então seja: Por que encontramos as coisas erradas? As lembranças estão nas coisas que as evocam: o biscoito que estou comendo ou a calçada irregular em que estou andando (os exemplos bem conhecidos do romance de Proust), o desenho a que estou olhando, que meu amigo fez. Ou estão eles nas imagens que eu crio? O que é uma imagem?

Uma imagem é um objeto de consciência imaginativa. Seja evanescente ou quase perceptiva, uma imagem não deve ser comparada a uma fotografia ou ao seu negativo. As imagens não são fotografias fixas, congeladas. A consciência imaginativa produz *fabulae* – cenários com qualidade dramática – não quadros parados e mudos. Agora podemos entender que aqueles de quem se diz "terem uma memória melhor" do que a maioria são, na verdade, apenas indivíduos cuja imaginação é mais ativa. É muito parecido com aqueles de quem se diz que a capacidade de abstração é mais desenvolvida. De fato, seu uso de sistemas semiológicos é simplesmente mais fluente. Tais pessoas, podemos dizer, são mais generosamente abertas ao seu passado e articulam mais prontamente as questões que o pensamento original levanta.

Deveria estar claro, agora, que percepções e lembranças também não são tipos tão diferentes de entidades mentais, pois são imagens acompanhadas de diferentes índices temporais e maior ou menor força emocional. Assim, a qualidade quase perceptiva de algumas imagens da lembrança deve-se ao maior peso emocional que elas carregam.

Na lembrança, tomo o outro tal como me pareceu ser, que é o que eu fiz dele quando ele se apresentou a mim. Os atos de lembrança são direcionados às minhas transformações do ser do outro como eu o imaginei a partir da minha própria perspectiva. Na memória, no entanto, estou certamente muito distante de atos da consciência validante. As lembranças são o modo de *ser-consciência* mais perspectivo. A psicanálise mostrou que o passado que é recriado na lembrança não é uma história fixa e imutável. O passado que importa é o passado pessoal de cada um e é um passado que está sempre mudando. Um evento que ocorreu quando eu tinha cinco anos de idade é agora lembrado diferentemente de como o lembrei vinte anos depois de ter acontecido. Será ainda diferente quando eu me lembrar dele como um homem muito velho.

3. Terapia existencial sob princípios heideggerianos

Journal of the Society for Existential Analysis, 8(1), 1997, pp. 57-75.

Introdução

A existência, o tipo humano de ser, está presa em uma postura curiosa, que eu gosto de imaginar como tendo um pé plantado contra a terra e o outro apontando para o zênite acima. Instável a cada passo, desequilibrado e vulnerável como resultado, esticado entre o seu nascimento para os pais que não escolheu e uma morte inevitável da qual não pode deixar de se lembrar uma e outra vez, cada ser humano é um experimento em ser no caminho humano. Os pressupostos em que se baseia essa visão são derivados da análise da existência [Dasein] de Martin Heidegger. No que se segue, quero delinear as características de uma terapia existencial que se baseia nela[1].

As características da existência

Tudo, incluindo os seres humanos, é caracterizado apenas por seu tipo particular de ser [*Seiende*]. Para Martin

[1] Já apresentei os lineamentos de uma psicologia existencial sob princípios heideggerianos em "Human Being and Existence. The Beginnings of and Existential Psychology".

Heidegger, apenas o tipo humano de ser, existe. O ser humano é existência. O caráter único da existência é ser uma vida histórica concreta [*Existenz*].

> Somente o homem existe. O rochedo é, mas não existe. A árvore é, mas não existe. O cavalo é, mas não existe. O anjo é, mas não existe. Deus é, mas não existe. A frase "somente o homem existe", não significa de modo algum que apenas o homem seria um ente realmente efetivo e que todos os entes restantes seriam irreais e somente uma aparência ou uma representação do homem. A frase "O homem existe" significa que o homem é aquele ente, cujo ser é assinalado pela insistência que se encontra aberta no desvelamento do ser a partir do ser e no ser[2].

É essencial considerar o que Martin Heidegger diz nessas frases, para entender o que Martin Heidegger, em geral, quer dizer com existência. O texto do qual são extraídas é tardio (1949), mas mesmo na época de *Sein und Zeit* (1927), em que Martin Heidegger clareou a estrutura ontológica da existência pela primeira vez, o verbo *'existieren'* já está reservado, exclusivamente, para o tipo humano de ser. Formas do verbo "*sein*" aplicam-se a todo o resto: coisas da natureza, coisas fabricadas por seres humanos, até mesmo coisas divinas – mas também ao corpo humano [*Leib*]. O *status* único do corpo humano – que ele tanto é quanto existe – significa que o corpo humano ocupa um lugar crucial na psicologia existencial e na terapia nela baseada. A natureza do corpo humano determina o fato de que o modo humano

[2] Martin Heidegger, "Introdução à 'O que é metafísica'". *Marcas no Caminho*, p. 387.

de ser é a existência, mas o corpo humano, como qualquer ser vivo, também "é". Este paradoxo figura como a fonte de distúrbios da existência.

A caracterização da existência por Martin Heidegger como se manifestando como uma vida histórica concreta tem sido a origem de uma grande quantidade de mal-entendidos. É importante deixar claro desde o início que o uso do termo "*Existenz*" por Martin Heidegger é bastante diferente do de seus colegas, especialmente Karl Jaspers[3].

O corpo humano pode ser visto a partir de duas perspectivas: em primeiro lugar, há o corpo que *sou*, o "corpo vivido" ou "corpo existencial", que encontra os outros e é validado pelos outros[4]. Depois, há o que pode ser chamado de corpo que *tenho*, que carrega os vestígios do meu passado. Discussão do corpo humano como uma res *extensa* cartesiana, distinta de uma *res cogitans*, foi deixada para trás. O alemão distingue bem entre o corpo que eu tenho [*Körper*] e o corpo que eu sou [*Leib*]. Voltarei frequentemente a esta distinção no decurso da discussão seguinte.

---

[3] Para Jaspers, *Existenz* é a vida humana caracterizada por situações-limite. Sua noção de *Existenz* está fundamentada na *Lebensphilosophie* de Dilthey, que, juntamente com a visão desafiadora do homem europeu de Nietzsche, gerou o existencialismo do século XX. Heidegger não é, enfaticamente, um existencialista nessa tradição, como ilustra seu uso da palavra "*Existenz*". Para alguns dos antecedentes do uso do termo "*Existenz*" por Heidegger e Jaspers, Cf. Theodore Kisiel, "*Existenz* in Incubation on the Way Toward *Being and Time*".

[4] A palavra "outro" é uma abreviação de "outra existência". Uso a palavra "validar" para descrever a experiência única de encontro entre duas existências. A validação da existência ocorre, por exemplo, na amamentação de uma criança, fazendo amor, submetendo-se a rituais e sacramentos e fazendo um diagnóstico psiquiátrico.

Algumas características básicas da existência

Para começar, será útil delinear as características básicas da existência.

A postura interrogativa

Uma primeira característica essencial da existência é a sua *postura interrogativa.* Com isso, quero dizer que os seres humanos fazem perguntas. Como outros animais, ficamos inicialmente surpresos com o que experimentamos. Às vezes, isso se torna mera curiosidade. Ao contrário dos animais, no entanto, achamos, na natureza e entre nós, as coisas erradas, de modo que perguntamos por que as coisas são como são e buscamos respostas que pensamos que nos permitem melhorar o que consideramos ser um trabalho inacabado. Tentamos modificar a natureza e melhorar o que tomamos como sendo a natureza humana. No entanto, as nossas respostas às questões que levantamos não trazem satisfação, e as afirmações indicativas que geramos como respostas às questões que levantamos apenas evocam mais questões. Somos capazes de levantar questões porque temos uma relação com a linguagem. A forma básica da linguagem, segundo Martin Heidegger, é interrogativa. As suas formas indicativas são secundárias.

Tentamos falar o que pensamos, embora não possamos afirmar com qual grau de sucesso. De acordo com Martin Heidegger, isso ocorre porque um pensador nunca entende seu pensamento e precisa apoiar-se em uma interpretação do que ele profere para adivinhar o que ele pode estar pensando. Em geral, sabemos que falamos, embora não tenhamos certeza do que é a linguagem, o que, por sua vez, significa que não compreendemos como a linguagem surgiu. É um dom e uma responsabilidade que nos conecta com o nosso pensamento e nos distancia dele. Para Martin Heidegger, a linguagem esconde tanto quanto revela.

Existência é coexistência

Uma segunda característica da existência é que os seres humanos não conseguem existir sozinhos. O ser humano é a existência com os outros ou coexistência. Os corpos humanos podem ser isolados uns dos outros, é claro, mas mesmo nessas circunstâncias eles estão sempre aí [*da*], conosco. Na verdade, os outros estão mais aí quando estão ausentes.

Como os exemplos de crianças selvagens mostram, um exemplar de *homo sapiens* criado à parte de outros seres humanos não se torna um tipo humano de ser. Nós nos tornamos e permanecemos humanos apenas por atos do que eu chamo de validação existencial (ou, simplesmente, validação) de nosso ser humano. Os atos de validação são mútuos, iniciando-se pela existência conferindo séries de atos de validação que ocorrem entre um recém-nascido e a figura maternal. Do ponto de vista existencial, é difícil dizer como devemos conceituar uma criança selvagem. É humano? Geneticamente, isto é, como um exemplo de *homo sapiens*, é humano, mas existencialmente, não é.

A existência de alguém é concedida a ele durante os primeiros meses de vida, e nos encontros subsequentes com os outros durante a infância e a idade adulta, continuamos em atos de validação a aceitar nossa existência dos outros, ao mesmo tempo em que a concedemos aos outros. Ser encontrado é o momento inicial de cada instância de validação existencial, incluindo aquelas que são terapêuticas. Muitas experiências interpessoais não são instâncias de validação existencial. Elas se caracterizam pelo exercício do poder por um membro do par sobre o outro. A partir da infância, a experiência humana é composta de relações de poder e experiências de validação existencial. A característica única da validação existencial é a sua equi-mutualidade. Nós validamos uns aos outros no olhar ou na contemplação humana, pelo toque humano e em falar uns com os outros (ou reter a fala).

Estas são as características básicas da existência, em linhas gerais, e há muito mais a ser dito sobre elas, mas a patologia da existência é a minha preocupação, aqui. Qual é o sentido possível de uma patologia da existência? O que pode significar terapia existencial? Quais são seus princípios e pressupostos subjacentes? O que um terapeuta existencial pode fazer? Quero abordar brevemente estas questões no que se segue[5].

O que é terapia existencial?

Eu não uso o termo "psicoterapia", aqui, porque a terapia existencial não é direcionada para o que se tem chamado de psique. A distinção entre psique, ou sujeito,

---

[5] As observações a seguir são baseadas em vinte anos de prática clínica. Minhas observações clínicas vêm do trabalho com pacientes ambulatoriais atendidos em uma clínica de saúde mental comunitária suburbana, estudantes universitários de uma pequena faculdade de artes liberais vistos em um centro de pronto-atendimento em aconselhamento, estudantes que frequentam uma escola particular para adolescentes emocionalmente perturbados, jovens adultos criminosos de bairros do centro da cidade de um grande centro metropolitano que foram atendidos enquanto estavam em licença de treinamento especial em um centro não-residencial subsidiado pelo município e pelo estado para reabilitação emocional e educacional, adultos atendidos em dois ambulatórios de uma cidade de grande porte e indivíduos atendidos em consultório particular em psicoterapia existencial.

e soma, ou objeto, que foi instituída por René Descartes, não é confirmada pela experiência. O fracasso da psicologia moderna em cumprir suas promessas pode ser atribuído a essa caracterização equivocada do ser humano como um sujeito posicionado contra objetos, incluindo o objeto mais importante do sujeito, seu próprio corpo vivido.

Eu reluto em usar o termo "terapia", porque na terapia existencial nada está sendo tratado. No uso contemporâneo, terapia significa o tratamento de algo, mas a terapia existencial não é dirigida ao que a pessoa é, mas sim à sua existência. É sabido que os conceitos atuais de tratamento psicológico ou psicoterapia (incluindo psicanálise e psicoterapia psicanalítica) são baseados na tradição da terapêutica médica, na qual os procedimentos são realizados no organismo despersonalizado, e não no ser humano enquanto tal, do qual se pensa habitar seu corpo de alguma forma. É claro que somente tratando o corpo como uma espécie de cadáver vivo, o médico pode considerar o que ele trata com a objetividade necessária e realizar procedimentos dolorosos no corpo da pessoa que não é apenas seu paciente, mas também um semelhante. O treinamento do médico começa com o cadáver, que continua sendo o protótipo do paciente tratado. Em analogia com o organismo físico, a psique é submetida a tratamento. Em contraste, a terapia existencial é direcionada à existência da pessoa.

A terapia existencial é dirigida precisamente a um semelhante, alguém que coexiste com o terapeuta. Assim, eu mantenho o termo "terapia", mas o uso em seu significado original como cuidado com ou atendimento a alguém. A terapia existencial é o cuidado com a existência da pessoa, não com o que ela é. Ocorre no cenário psicanalítico tradicional, no qual parâmetros usuais de compensação monetária por um serviço prestado são observados, mas somente com a condição de que a autonomia da pessoa seja observada e inteiramente preservada[6]. A terapia existencial não é possível quando uma taxa é paga por qualquer pessoa que não seja o paciente. Ela exclui o envolvimento de terceiros, incluindo empregadores, seguradoras, tribunais, escolas e outros membros da família. Por essa razão, questiono se uma criança ou adolescente dependente pode participar da terapia existencial.

Eu também uso o termo "paciente" com muitas dúvidas, já que a pessoa que procura terapia existencial não está doente em nenhum sentido convencional. Ela não foi ferida, nem sente os efeitos de um processo físico patológico[7]. O terapeuta não intervém nem orienta a pessoa a realizar nenhum regime determinado. Ele não exerce poder sobre o paciente. Além disso, um médico, que considera os processos de doença como os sinais de um organismo viável, sempre ajuda o corpo em sua tendência autorrestaurativa. Ele considera que os sintomas do sofrimento físico, embora desagradáveis, são, ainda assim, sinais de um organismo lutando pela saúde, e tenta aliviar a dor sempre que possível, a partir do momento em que a causa da doença ou lesão tenha sido determinada clinicamente.

Em contraste, o terapeuta existencial, com sua preocupação com a existência do outro, ajuda a trazer o processo de validação existencial para a consciência da pessoa e,

---

6 Thomas Szasz tem escrito repetida e eloquentemente sobre a psicoterapia autônoma.

7 Se um dia se encontrar uma etiologia fisiológica para o que é chamado de esquizofrenia, transtornos bipolares e afins, o que muitos psiquiatras têm proposto ser o caso, essas condições seriam o âmbito da medicina, não da psicologia. Atualmente, os outros distúrbios psicológicos em que se trata principalmente "sintomas físicos" são os que recebem o título de transtornos somatoformes. Cf. DSM-IV.

assim, afeta o paciente de um modo importante. Como vou mostrar, o terapeuta existencial, em geral, trabalha contra o *status quo* do paciente. Com essas considerações em mente, eu ainda assim mantenho o termo "paciente" para descrever a pessoa que chega à terapia existencial, uma vez que ela, inicialmente, concordou em se submeter a essa experiência, assim como um paciente consciente concorda com os procedimentos médicos aos quais ele então se submete[8]. Na terapia existencial, o elemento terapêutico é o que chamo de validação da existência de uma pessoa. Como já indicado, a validação é a outorga mútua da existência. É sempre dual. A existência é outorgada pelo olhar, pelo toque e pela fala. Como já ilustrei em outro lugar, seu paradigma é a saudação[9]. Na terapia existencial, o que ocorre espontaneamente na vida humana em determinadas situações torna-se o foco da interação entre paciente e terapeuta. Vou tentar explicar o que isso significa.

Uma vez que não faz sentido dizer que a existência de alguém é e está de alguma forma, estritamente falando, a terapia existencial não é direcionada à existência de uma pessoa. A existência de uma pessoa é fugaz, mas é a característica mais real do modo humano de ser. Como uma partícula subatômica, ela nunca está fixa e, portanto, não pode ser capturada, mas evidências dela podem ser encontradas, embora essas indicações da existência não tenham a presença e a permanência do que é. A existência carece de

---

[8] Nem o termo "aconselhamento" servirá para o que o terapeuta existencial faz, uma vez que um dos efeitos imediatos da terapia existencial é o *insight*, enquanto esse não é o objetivo principal do aconselhamento, no qual o conselheiro fornece apoio, informa e dá conselhos.

[9] Cf. Growth (1995) "Existence and Being: The Beginnings of an Existential Psychology," p. 119.

presença porque está sempre, por assim dizer, logo à frente da consciência da pessoa sobre o que está se dando. A existência de alguém não é, portanto, parte de seu presente. Somente outro ser humano pode observar e atestar a minha existência. Eu posso me apossar da minha existência tão pouco quanto a outra pessoa, que vê indícios dela, pode compreendê-la ou paralisá-la para observação e escrutínio. As indicações da existência são as mesmas que os atos que a validam: o olhar, o toque humano e a linguagem.

Mas se a existência não é nada determinada, a que, então, a terapia existencial se dirige? *A terapia existencial se dirige a tudo o que a pessoa não é,* mas sempre dentro do escopo e da extensão do que o tipo humano de ser pode ser[10]. A psicoterapia tradicional começa com uma certa noção de natureza humana que é descrita pela teoria da personalidade na qual se baseia o tipo particular da psicoterapia ou está nela implícita. A psicologia existencial assume, em contraste, que a natureza humana ou o que é ser humano ainda não foi decidido e cada existência é uma instância da vida humana que não existiu antes e não pode ser repetida. Cada um de nós é, em certo sentido, uma espécie em si mesmo, um experimento de possibilidade humana que fornece sua própria evidência. Cada um de nós é tão diferente existencialmente quanto geneticamente distinto de outros casos de *homo sapiens*.

---

[10] A estrutura da existência, como primeiramente delineada pelos esboços de Heidegger como as categorias ou *existencialia* da existência, é, ao mesmo tempo, o escopo das possibilidades humanas. Há importantes questões ontológicas aqui que estão além do escopo deste artigo. Por exemplo, a questão sobre como entender a dualidade de ser e existência no tipo humano de ser. Resumidamente, a dualidade é apenas virtual ou perspectival, a unidade da pessoa é real.

Alguns pressupostos da terapia existencial

Há uma série de pressupostos em ação que formam a base da teoria da terapia existencial.

Existência é tempo

A existência é temporal. Como qualquer outra pessoa, o paciente *existe* em seu próprio tempo. O tempo não é um produto da vida humana. É indistinguível da existência. Como Martin Heidegger disse já, em 1924: "O ser-aí (...) é o próprio tempo, não está *no* tempo"[11]. O tempo vivido *(le temps vecu)* não é um trecho mensurável ou um segmento de tal extensão[12]. O tempo de cada pessoa é único para ela, e é somente com grande dificuldade e raramente que duas pessoas coordenam seus tempos vividos, e mesmo quando o fazem, a coordenação é breve e difícil de sustentar. A coordenação dos tempos vividos ocorre em momentos de validação existencial, mas também ocorre, por exemplo, na confluência estética de executar uma música com os outros, no ritual e no sacramento, e no orgasmo mútuo[13]. Quando essa coordenação ocorre na terapia, ela se deve às características da situação terapêutica e aos esforços do terapeuta.

Ao longo de nossas vidas, fazemos um esforço para coordenar nossos tempos vividos com referência a eventos diurnos e, é claro, a relógios, que, ao contrário da evidência expressa da passagem cíclica das regularidades cósmicas,

---

[11] Martin Heidegger, "O Conceito de tempo", p. 27.

[12] Eu tomo o termo emprestado, é claro, de Eugene Minkowski, *Lived Time*.

[13] Essas experiências são importantes de se estudar para melhor compreender a validação existencial, que é o seu protótipo.

concebem o tempo como duração linear ao longo de um *continuum*. Estes esforços contribuem para a criação de importantes instituições sociais. O tempo linear ou cronométrico é, no entanto, um derivado do tempo vivido, que, como as regularidades cósmicas, é cíclico ou, mais propriamente, circular[14]. Ocasionalmente, inclusive nas experiências acima mencionadas e, também, nas relações de poder, duas ou mais existências podem coincidir.

Eu gostaria de caracterizar o terapeuta existencial como um especialista em tempo vivido que tenta compreender o tempo vivido de seu paciente a partir da perspectiva dele, como um estrangeiro na existência do paciente. O terapeuta existencial tenta coordenar seu tempo vivido com o tempo vivido do paciente, ou seja, com sua existência. Ele está, então, em posição de começar a compreender o mundo do paciente. Como terapeuta, a congruência que resulta é uma oportunidade para a validação da existência do paciente.

Uma instância do tipo humano de ser tanto é quanto existe

Em geral, do ponto de vista de seu corpo vivido, uma pessoa tanto é quanto *existe*. Como indicado anteriormente, admitir isso não implica, no entanto, afirmar que uma pessoa está dividida em seu "ser" e sua "existência". A distinção é apenas virtual e não introduz um novo dualismo. Ele apenas

---

[14] A face do relógio tradicional é enganosa quanto a isto. Um ciclo temporal não é uma linha fechada, tal como definida pela geometria, tal qual a circunferência da face de um relógio sugere. Outra imagem pode auxiliar: um ciclo humano de tempo vivido pode ser pensado como um dos muitos circuitos fechados possíveis através da superfície de uma esfera e nossas várias existências podem ser comparadas a tais círculos que atravessam a mesma esfera.

possibilita duas perspectivas sobre a pessoa real: sua própria perspectiva e a perspectiva de um outro. A distinção entre o corpo que tenho e o corpo que sou, que já foi feita, possibilita desenvolver a visão de Martin Heidegger de que a existência é sempre coexistência e aplicá-la à terapia existencial.

Aplicando as distinções feitas, podemos dizer que tanto o paciente quanto o terapeuta têm acesso ao corpo que o paciente tem, mas somente o terapeuta (e aqui ele não é diferente de qualquer outro "estrangeiro") tem acesso ao corpo que o paciente é. Tudo o que *eu sou* está marcado no corpo que tenho, e não há como negar que o corpo que tenho possibilita que as pessoas me identifiquem como algo. Mas eu existo, e minha existência e o que estou chamando de corpo que sou, são o mesmo. O organismo humano é o local dessa dupla perspectiva do que eu sou e da minha existência. Como Martin Heidegger explica, essa dualidade torna o corpo humano diferente do corpo animal[15]. O corpo que tenho é o corpo físico estudado pelas ciências naturais, mas não o experimento como algo diferente ou separado da minha existência, simplesmente porque não posso experimentar a minha existência. Só um outro pode fazer isso[16].

---

[15] Cf. a parte II de Martin Heidegger, *Os Conceitos Fundamentais da Metafísica: Mundo, Finitude, Solidão,* que traz uma análise fenomenológica detalhada do organismo. Incidentalmente, mostra a familiaridade de Martin Heidegger com a biologia e as outras ciências naturais.

[16] O corpo que tenho é o corpo que, desde o tempo de Descartes, distingue-se da mente. Por mais de dois séculos, tem sido pensado como uma máquina altamente complicada. Esta visão do corpo *humano* foi apresentada pela primeira vez por Julian Offray de la Mettrie, em 1748. Ver *L'Homme Machine*, traduzido pela primeira vez para o inglês, em 1921, como *Man a Machine*, por G. C. Bussey e M. W. Calkins (Chicago: Open Court) [NT: sem tradução para o português].

O terapeuta existencial ajuda o paciente a compreender essa dualidade do corpo humano, que é o lugar da ambiguidade sobre o que ele é e sua existência. É bem sabido entre os terapeutas que quase todas as queixas que levam alguém a um terapeuta de qualquer tipo dizem respeito a como o paciente experimenta seu corpo, ou seja, na terminologia deste artigo, o corpo que ele tem. Por exemplo, ele diz que se sente instável ou nervoso, que está cansado, que a parestesia assombra seus membros, que sente palpitações, que sente sensações rastejantes no couro cabeludo, que tem vagas dores abdominais e assim por diante. Seu corpo vivido, enquanto tal, foi reduzido a *algo* – o que eu chamei de corpo que ele tem – e na ausência de quaisquer lesões (que também reduzem o corpo vivido ao corpo que se tem), ele, ainda assim, experimenta dores de vários tipos[17]. O corpo que tenho tem um passado. Ele revela abertamente sua herança genética, incluindo seu gênero. Também exemplifica como a pessoa se vê, uma vez que o corpo que ela passou a ser representa como cuidou ou deixou de cuidar de seu corpo vivido. A maneira como se porta, como se senta, as maneiras como se veste, o que escolhe expor ou esconder - tudo revela como o paciente vê o corpo que ele tem. O corpo que ele tem mostra as cicatrizes deixadas por ferimentos leves ou horríveis. Mudanças no estilo de cabelo e roupas, perda ou ganho de peso, mudança em sua forma ou proporção, todas que mudam o corpo que se tem sinalizam mudanças na existência da pessoa, como veremos.

O corpo que se tem é, no entanto, uma coisa ilusória, na medida em que o próprio corpo vivido, que está em

---

[17] O prazer também coloca o corpo vivido em foco, mas não o reduz ao corpo que se tem. Aqui, a explicação fisiológica da dor e do prazer falha em explicar a experiência existencial do corpo.

constante interação com seu ambiente, está sempre mudando por conta própria e, também, pelo ambiente, às vezes de maneiras muito perceptíveis (por exemplo, por acidentes). A ilusão persistente de que o corpo que se tem é um item fixo veio a ofuscar a natureza mutável do corpo que se é, o corpo existencial. Isso aconteceu sob o domínio da visão cartesiana do corpo como uma *res extensa* e é um hábito de concepção difícil de modificar.

Quando dizemos que uma criança tem pouco senso de seu corpo, queremos dizer simplesmente que ela tem pouco senso do corpo que tem. O corpo de um bebê ou o corpo de uma criança pequena é inteiramente um corpo vivido. Ele ainda não foi convencido de que tem algo parecido com um corpo cartesiano. Esse corpo torna-se o foco do que Erik Erikson chamou de identidade psicossocial da criança[18]. Em contraste, o corpo que se é ou o corpo vivido é o corpo que se move, exercita, performa, faz amor, luta. Verbos transitivos de ação são usados para descrevê-lo. O corpo que se é fala palavras e anuncia não verbalmente o que a pessoa pode não ter as palavras para expressar. O terapeuta existencial tenta ajudar a pessoa a se tornar consciente do corpo que ela é.

Somente os outros têm acesso direto ao corpo que se é. Para facilitar a exposição, deixe-me colocar isso em termos de primeira pessoa. Somente um outro tem acesso ao corpo que eu sou. Eu sou barrado dele pelo corpo que tenho, que domina o meu mundo como a personificação do meu passado. Na medida em que tenho acesso ao corpo que tenho, também tenho acesso ao meu tempo vivido. O que eu *não* tenho acesso é ao meu corpo existencial ou corpo vivido. Eu regularmente venho a saber sobre a minha existência

---

[18] Erik Erikson, *O Ciclo de Vida Completo*.

a partir dos outros, assim como eu, primeiramente, tive a minha existência concedida a mim por um outro, a figura materna da minha infância. Essas experiências fundamentais de validação tornam-se o foco da terapia existencial, na qual o paciente passa a reconhecer os encontros nos quais sua existência foi e é concedida a ele e nos quais ele, ao mesmo tempo, concede a existência aos outros.

Em relação ao que sou, o corpo que tenho é a *coisa* mais importante do meu mundo, mas do ponto de vista da minha existência pode não ser. Minha existência está constantemente se manifestando como vida religiosa, política, moral, filosófica ou científica, por exemplo. Como uma chama, minha existência brinca na superfície das coisas que compõem meu mundo, incluindo o corpo que sou. Dá a essas coisas o significado que elas têm em consonância com a minha existência. A existência ocorre nas coisas que me encontram, incluindo o corpo que tenho. Assim, minha existência não ocorre "dentro" de mim ou da minha psique, ou "dentro" do meu corpo. A imagem da pessoa como um recipiente para processos ocultos (a palavra "pessoa" deriva do latim *persona*, que significa uma máscara) obscureceu o fato de que minha existência está aí fora [*da*], nas coisas que me encontram, inclusive, mais uma vez, no corpo que tenho[19]. A existência de uma pessoa ocorre entre ela e a existência de outra pessoa, nas coisas com as quais lidamos juntos, incluindo os corpos que somos. A existência ocorre entre pares de pessoas, assim como se originou para cada um de nós na díade do bebê e da figura materna[20]. A validação

---

[19] Essa característica básica da existência é, naturalmente, a razão da atenção de Heidegger à etimologia e ortografia da palavra "Dasein".

[20] Parece-me que entre os grupos de pessoas algo muito diferente está acontecendo que requer uma análise fenomenológica própria.

existencial, incluindo sua ocorrência no cenário terapêutico, como veremos, é sempre um fenômeno de duas pessoas.

O corpo do paciente acaba por trair a falta de um interior. As partes ocultas do corpo que ele tem são, é claro, cobertas pelo tegumento e pela estrutura esquelético-muscular, mas não é isso que as pessoas têm em mente quando falam sobre o que está acontecendo "dentro", "no" seu "mundo interno" de afetos, imagens e pensamentos – o assim chamado mundo representacional. A virada introspectiva é, mais uma vez, um legado de René Descartes. Para sua grande decepção, o paciente descobre que não há nada "dentro", exceto órgãos físicos e espaços vazios. Embora o corpo que eu tenho (incluindo suas partes ocultas) seja uma das coisas (e uma coisa muito importante) em que minha existência acontece, não é a única coisa que me confronta e, na maioria das vezes, não é o lugar mais importante da minha existência. No entanto, quando minha existência se torna uma questão para mim, isto é, em situações de patologia existencial, o corpo que tenho tende a assumir o centro do palco porque se tornou objetificado como o corpo que tenho. Raramente o corpo que se tem não é um foco importante para a pessoa, cuja vida psicológica está perturbada. O aumento do interesse no corpo que se tem é uma consequência do crescente alheamento da existência.

A existência também ocorre em muitas outras coisas, é claro, incluindo especialmente o corpo que o outro tem. Para cada um de nós, o mais antigo desses lugares é, naturalmente, o corpo da figura materna e, mais tarde, o que o psicanalista britânico Donald Winnicott chama de objetos transicionais[21].

---

[21] Donald W. Winnicott, "Objetos transicionais e fenômenos transicionais", em *Da Pediatria à Psicanálise*.

O mundo em expansão e contração da criança mais velha e dos adultos abrange inúmeros lugares onde ocorre a própria existência. Essas são as coisas que compõem o mundo de alguém, e ser no mundo, como diz Martin Heidegger, é a essência da existência[22]. O que perturba o paciente que procura tratamento é uma mudança nas coisas que compõem o seu mundo[23]. O mundo perturbado, que é o correlato do tempo vivido, mudou *tout court,* e de tal forma que o paciente é incapaz de considerar a mudança. Por favor, notem que eu não disse "a pessoa perturbada"[24].

Patologia existencial e terapia

Como quase todos os termos em psiquiatria e psicologia clínica, o termo "patologia" é emprestado da medicina. A patologia implica uma lesão de algum tipo. No entanto, nada está disfuncional quando o mundo de alguém muda. O novo mundo, por si só, não tem nada de positivo ou negativo sobre ele, porque, em geral, as coisas que compõem o mundo de alguém não são objetos passíveis de valoração. Os efeitos de um acidente ou doença física

---

[22] Martin Heidegger, *Ser e tempo.*

[23] Aqui, o trabalho de Jan van den Berg sobre metablética ou psicologia histórica tem sido muito influente na minha psicologia existencial. Cf. *Things. Four Metabletic Reflections* (1970) e "Phenomenology and Metabletics" (1971).

[24] Um mundo não é o produto do tempo vivido, porque não há diferença entre a existência e o tempo vivido de alguém. Do ponto de vista de um outro, minha existência e meu mundo são o mesmo. Do meu ponto de vista, no entanto, a distinção entre a minha existência e o meu tempo vivido nunca surge, uma vez que eu não tenho acesso à minha própria existência como algo para comparar. Para acessar minha existência (se me permitem repetir isso novamente), confio nos outros.

também introduzem mudanças que afetam a existência de alguém, mas, primeiramente, apenas pela influência sobre o corpo que se tem[25]. Mesmo assim, conservarei a expressão "patologia existencial" para caracterizar a mudança de mundo que faz com que uma pessoa sofra. Uma pessoa se torna um paciente quando seu mundo muda, mas de tal forma que ela não pode apreciá-lo e, portanto, rejeita-o. A fonte da patologia existencial é a recusa do mundo.

O que pode significar terapia existencial? Quiçá alguém paciente tenha ido à procura de um mundo interior e, assumindo que pense tê-lo encontrado, elaborou uma ilusão solipsista de processos e estruturas para explicar sua experiência. A maioria dos pacientes terá tido pelo menos uma dessas experiências em psicoterapia tradicional ou terá se acostumado a pensar em termos de eventos intrapsíquicos. De toda forma, a pessoa sofre porque seu mundo mudou e ela não consegue viver nele. Ele pode buscar uma compreensão do que aconteceu. A terapia existencial não tem interesse em modificar o comportamento ou provocar mudanças. Ele se concentra, em vez disso, em como o paciente compreende o que já mudou.

Mudança existencial

A terapia existencial lida com a mudança existencial, isto é, com as transformações no mundo do paciente que ocorreram e como ocorreram. Por que o mundo do paciente mudou pode ser de grande interesse, mas não é uma questão de terapia existencial.

[25] O sofrimento físico que resulta é um problema do viver. O terapeuta existencial não está preocupado com os problemas cotidianos da vida, mas com uma mudança na própria existência.

O que significa uma mudança no mundo? Mais uma vez, permitam-me voltar à primeira pessoa. Minha existência está sempre em jogo, mas, normalmente, os lineamentos desse mundo permanecem bastante estáveis. Vejo que as coisas são mais ou menos as mesmas, dia após dia. A determinação das coisas é majoritariamente constante e seu uso permanece mais ou menos fixo. Mas quando sou inesperadamente visitado por um amigo que não vejo há muito tempo, por exemplo, o mundo muda completamente. Também quando me caso, sou confirmado em um rito religioso, me dizem que tenho câncer, minha mãe morre, sou demitido do meu emprego, percebo que envelheci, concluo meu doutoramento, percebo que não amo mais a minha esposa. Posso dar as boas-vindas ao novo mundo e aceitá-lo. Em casos de patologia existencial, entretanto, eu recuso o mundo transformado. Meu tempo vivido é tão dramaticamente diferente que eu não sei que horas são no mundo ou, melhor, eu não sei a minha hora. Pode levar horas, semanas ou anos para assumir completamente o que mudou.

Penso que o período de compreensão gradual da mudança do mundo de alguém tem sido entendido, equivocadamente, como processo lento de transformação. Em analogia ao crescimento físico e à maturação, os psicólogos chamam isso de desenvolvimento e o contrastam com a deterioração. A psicologia existencial contesta a noção de desenvolvimento, que, como tantas na psicologia moderna, baseia-se no modelo cartesiano de estruturas físicas e funções e processos orgânicos.

É claro que meu mundo está sempre mudando de maneiras pequenas e indiscerníveis o tempo todo, mas, como em meus exemplos, ele pode mudar drasticamente de uma só vez. Durante o período que se segue, eu venho a entender o que mudou - ou não, e aí dá-se uma situação de patologia existencial. É claro que meu mundo pode mudar como resultado de processos corporais ou acidentes, mas também muda no ritual e no sacramento, na conversão ou mudança de crença (religiosa, moral ou política) e nas chamadas experiências místicas. A existência também pode mudar na terapia existencial[26].

Falar sobre patologia existencial é falar sobre as coisas no mundo de alguém, inclusive o corpo que ele tem. A patologia existencial refere-se à experiência das coisas que compõem o mundo de uma pessoa e que são indistinguíveis desse mundo e de seu tempo vivido[27]. Assim, o lugar da patologia existencial é no mundo do paciente, não dentro da psique do paciente. É impossível separar sua experiência das coisas de seu mundo e tempo vivido. Quando meu mundo muda, não apenas meu rosto muda, mas também o rosto (*facies*) de todas as coisas em que minha existência acontece. O terapeuta existencial ajuda o paciente a ver que as coisas mudaram e como. O distúrbio está nas coisas, não no paciente.

---

[26] A psicoterapia nunca foi feita para reduzir a ambiguidade da vida, embora muitos que hoje praticam psicologia clínica pareçam acreditar que estão no negócio de eliminar as faíscas de incerteza que caracterizam a vida humana e nivelar por baixo toda a ambiguidade. Os *insights* de Heidegger sobre a estrutura da existência incluíram a observação de que a angústia [*Angst*] é um elemento positivo da existência. Sobre a angústia, cf. *Ser e tempo* §40 e a preleção "Que é Metafísica" (1929), em *Marcas no Caminho*. Cf. também Medard Boss, *Existential Foundations of Medicine and Psychology*, p. 112. Sobre a medicalização da vida cotidiana, incluindo o "cuidado" psiquiátrico, cf. Ivan Illich, *A Expropriação da Saúde – Nemesis da Medicina* e Thomas Szasz, *The Myth of Psychotherapy*.

[27] Os japoneses entendem esta mudança nas coisas quando escrevem sobre o *pathos* que a coisas têm: *mono no aware*.

Os objetivos da terapia existencial

O principal objetivo da terapia existencial é revelar a existência do paciente. Considerando o que foi dito, o corpo do paciente (o corpo que ele tem) torna-se o foco inicial, uma vez que o paciente se voltou para ele e se afastou do corpo que ele é, mesmo sem saber disso[28]. O terapeuta observa como o paciente vive seu tempo e revela o que vê para o paciente. O corpo torna-se um objeto de importância no mundo do paciente como o lugar da existência do paciente e como algo no seu mundo. O terapeuta também se torna um lugar da existência do paciente[29]. Embora a importância do corpo do paciente como local de sua existência não possa ser negligenciada, muito pouca atenção tem sido dada às coisas não-humanas no mundo dos pacientes. Elas são locais igualmente reveladores do mundo do paciente, de modo que o terapeuta aprende muito sobre o mundo do paciente observando como ele experimenta

---

[28] Muita atenção tem sido dedicada ao corpo na psicoterapia, e com razão. Os Gestalt-terapeutas, por exemplo, contribuíram muito nessa área, mas lidaram apenas com o corpo que se tem. O corpo existencial escapou dos Gestalt-terapeutas porque, como todos os psicólogos tradicionais, eles começaram com as assim chamadas experiências subjetivas do corpo do paciente. O corpo do paciente é entendido como uma *res extensa* para o sujeito (*res cogitans*) que está fora de contato com seu corpo. O objetivo da Gestalt-terapia é reunir o sujeito psicológico com seus objetos primários, o corpo do indivíduo. Mas, uma vez que não ocorrem separados uns dos outros, não há nada para reunir. Ver, por exemplo, a declaração clássica neste campo: Fritz Perls, Ralph E. Hefferline e Paul Goodman, *Gestalt-Terapia*.

[29] O problema da natureza altamente sexualizada do corpo para muitos pacientes tem atormentado os psicoterapeutas desde Sigmund Freud. Resumidamente, é somente quando o corpo do paciente se torna objetificado que sua qualidade sexual se torna exagerada. Ainda assim, a importância da sexualidade do corpo permanece primordial.

objetos inanimados, incluindo roupas e a miríade de coisas com que lida ao longo de um dia.

Eu já indiquei que a pessoa é o lugar ou *topos* de um mundo. O paciente vai à terapia para se familiarizar com seu mundo. Ele reclama que nada mais é como era. As coisas não parecem certas. Está tudo errado. Nada está funcionando. Nada faz sentido. É só gradualmente que o paciente começa a se concentrar nas coisas aparentemente triviais que compõem seu mundo e à medida que essas pequenas coisas vêm à tona, os contornos e, em seguida, os detalhes de seu mundo como um todo se lhe tornam discerníveis. A situação terapêutica é única por possibilitar espaço e margem de manobra para o mundo do paciente tornar-se discernível. O "espaço" terapêutico permite a "distância" entre as coisas e as ilumina, de modo que elas se tornam distinguíveis.

O paciente também se alienou de seu tempo vivido, tornou-se um forasteiro em seu próprio tempo, um *estranho*. Ele vai ao terapeuta para compreender seu tempo, e talvez para um tempo diferente. Como vimos, ele não vai para ser mudado. Ele já se transformou e quer descobrir o que aconteceu[30]. O paciente chega a um terapeuta existencial para um *tempo diferente* que lhe permite descobrir seu próprio tempo vivido. Ele não quer ser tratado, aconselhado, treinado, reeducado, domado, informado ou corrigido. Para isso,

---

[30] Sigmund Freud reconheceu que o paciente não precisa ser mudado e é por isso que ele advertiu contra encorajar o paciente a tomar decisões importantes durante a psicanálise. No entanto, ele não viu que não basta que o paciente entenda o que ele é. Sigmund Freud assumiu que os pacientes vinham até ele para serem ajudados, como corretamente fazem quando visitam um médico (tal qual Sigmund Freud era por formação). A ideia do psicoterapeuta como um "ajudante" e um membro das "profissões de ajuda" (incluindo enfermagem e serviço social) agora permeia o campo.

ele pode recorrer a professores, advogados e médicos. Ele vai para a terapia existencial para ser levado a sério, para ser visto e escutado novamente em seus próprios tempo e mundo. Em parte, vemos que ele foi silenciado e invisibilizado por ter perdido a validação de sua existência e esta é uma das razões pelas quais se tornou um paciente. Em certo sentido, o problema de todo paciente é o mesmo: sua existência não está sendo validada, mas ele não percebe que a razão para isso é sua própria falha em validar a existência dos outros. Como a validação é sempre mútua, quando o paciente perde de vista a existência dos outros, ele mesmo se torna invisível. Quando, como resultado disso, sua própria existência não é atendida e validada pela dos outros, ele deixa de falar sobre as coisas e, nesse sentido, é silenciado[31]. De que fala, então? Ele fala, em sua maior parte, sobre o que os outros são e o que ele é. Ele também fica preocupado em tentar fazer com que seu passado pessoal permaneça o mesmo, o que exige muito esforço, já que o passado está sempre mudando[32].

---

[31] O autismo extremo e o negativismo da "esquizofrenia" podem ser conceituados como uma forma extrema de perda de mundo, como Binswanger percebeu há muito tempo (Cf. *Being-in-the-World. Selected Papers of Ludwig Binswanger*, p. 338). Ver também Henri Ellenberger, "A Clinical Introduction to Psychiatric Phenomenology and Existential Analysis," em Rollo May *et al.* (eds.), *Existence*, pp. 121-123.

[32] O significado do passado pessoal é crucial para a psicologia existencial. Lembrar e ler a história não são o mesmo tipo de coisa, embora muitas vezes se pense que sejam. Ao que eu volto na memória é novamente revisado a cada vez que retorno, pois eu retorno como uma pessoa diferente (minha existência mudou, embora de maneiras dificilmente detectáveis). A continuidade da personalidade é uma das grandes ilusões da psicologia. O que eu me lembro, digamos, aos 10 anos de idade sobre um evento que aconteceu no verão anterior não é o mesmo que eu me lembro aos 20 anos sobre o mesmo evento. Meu passado pessoal está para o que uma filmadora registra tal qual o tempo vivido para o que um relógio marca. Olho incrédulo para as figuras que se movem pela tela enquanto uma fita de

O terapeuta existencial encoraja o paciente a se concentrar na existência do terapeuta, para que possa (talvez pela primeira vez), indiretamente, se tornar consciente de sua própria existência. A existência do terapeuta passa sob o olhar do paciente, cuja própria existência é validada. O terapeuta traz sua existência para o paciente um pouco como a mãe de um recém-nascido o faz para o bebê. Como na vida neonatal, abre-se o acesso para o paciente olhar e falar, e para que sua existência se torne visível. Uma interação humana exemplifica a validação da existência: a saudação. Ao mencioná-la neste ponto, quero destacar o que é tipicamente o primeiro encontro entre um terapeuta e um paciente e, ao mesmo tempo, uma oportunidade para validação da existência do paciente. A saudação combina os três modos de encontro existencial: o olhar, o toque e a fala. Não quero dizer que a saudação seja em si mesma terapêutica, mas o que acontece na troca de uma saudação frequentemente prepara o terreno para outras experiências de validação na terapia existencial[33].

---

vídeo reproduz imagens gravadas 20 anos antes. Isso ocorre porque minha memória mudou meu passado ao longo dos anos seguintes, de modo que não corresponde mais ao que está no arquivo (que um estranho consideraria o que "o que realmente aconteceu"). Quando tento fixar o passado como se fosse uma história documentada que eu leria posteriormente, eu vou contra o que a memória faz. Eu construo um passado mitificado (geralmente em conexão com a história comum) que controverte o que minha memória recria de modo novo ao formar meu passado pessoal, que é algo diferente cada vez que me lembro de um evento. Meu olhar permanece fixo num mito pessoal e eu não olho na direção dos outros e suas existências. Consigo facilmente inventar um "mundo interno" para abrigar um mito. Ao perder de vista a existência dos outros, só pode acontecer de os outros perderam de vista a minha existência, já que a validação está impedida. No extremo, este mito se torna um delírio altamente organizado (esquizofrenia).

[33] Pedro Lain Entralgo, *The Therapy of the Word in Classical Antiquity* (1970) Sobre olhar, toque e tom de voz, cf. John Heron, "The Phenomenology of Social Encounter: The Gaze".

O paciente sofre. Ele diz: "Sinto-me deprimido". Seu sintoma é uma questão que não pode ser falada. Fala mudamente; por exemplo, como um sentimento (depressão, ansiedade), como uma queixa física (dor) ou como uma percepção inverificável e incomum (alucinação). Para o terapeuta existencial, todos os sintomas falam pela existência da pessoa, não pelo que ela é. É por esta razão que nunca foi possível na psicologia explicar os sintomas de forma satisfatória apenas em termos físicos ou psicológicos. Um sintoma não é algo físico nem psicológico, mas, sim, pertencente à existência da pessoa. Expressa a existência da pessoa, não o que ela é, como o sinal físico de um processo de doença[34]. O terapeuta ajuda o paciente a expressar em palavras ou em outras formas de expressão o que sua existência está expressando de forma débil[35]. Há tanto no olhar e no toque humanos quanto nas palavras para evocar aquelas que faltam ao paciente. Ao trabalhar com os pacientes chamados de deteriorados ou descompensados, o olhar ou o toque terapêutico pode evocar mais do que a palavra terapêutica é capaz de fazer. Ainda assim, o olhar ou o gesto deve, eventualmente, ser traduzido em palavras.

A abordagem de cada terapeuta existencial é única. Como poderia ser de outra forma, dado que sua existência é única? Seguindo a antiga regra de "não fazer mal", pode-se especificar certas intervenções que devem ser evitadas, ou seja, pode-se ensinar um terapeuta existencial o que não fazer, mas não se ensina o que fazer como terapeuta.

---

[34] Por esta razão, as pessoas experimentam doenças físicas e dor de formas diferentes, a depender do estado de sua existência.

[35] Tal como Sigmund Freud reconheceu, as interpretações do terapeuta podem servir para fornecer ao paciente as palavras que lhe faltaram para expressar sua existência.

4. A autenticidade na análise existencial

Existential Analysis, 19(1), 2008, pp. pp. 81-101.

1. Diagnóstico, intervenção, tratamento, cura

Na breve história da psicoterapia, seu objetivo mudou drasticamente várias vezes. Quando há apenas um século, o neurologista vienense, Sigmund Freud, decidiu pela primeira vez intervir com palavras em vez de procedimentos médicos disponíveis para tratar as queixas "neuróticas" de seus pacientes, como médico ele ainda tinha em mente, em primeiro lugar, a cura de um *paciente*. A psiconeurose ainda era, para Sigmund Freud, uma doença do sistema nervoso, e uma suposta lesão era responsável por seus sintomas. No entanto, não é pequena a evolução entre a pequena sala de exame do médico e o consultório de Sigmund Freud, em seu apartamento, na Berggasse, 19, onde a psicanálise foi praticada pela primeira vez no final do século XIX. Embora não esteja claro se Sigmund Freud alguma vez deixou de ver seus encaminhamentos como pacientes (cada um deles um exemplo do cadáver vivo que todo médico é treinado para imaginar apresentando-se a ele para cuidados), seu uso de palavras em vez de bisturi e drogas (esquecendo por um momento a prescrição de cocaína para "depressão" no início de sua carreira) marcou um afastamento do modelo médico tradicional no qual se baseia a abordagem do médico.

Sigmund Freud usava um terno de três peças e nunca desabotoava sua gravata na presença de um paciente. Dizem-nos que ele mantinha uma distância física apropriada e psicológica absoluta de seus pacientes, eventualmente movendo-se inteiramente para fora de sua visão e do olhar diagnóstico deles para uma posição sentada atrás do corpo do paciente, que ficava confortavelmente deitado na *chaise longue* analítica. Como um cirurgião, seu espaço de trabalho foi montado para impedir sua visão do rosto de seu paciente.

Ao mover o corpo do paciente para longe dos olhos examinadores do médico, transformou o paciente médico no *analisando* da psicanálise clássica. O analisando estava fisicamente lá, mas os dados nos quais o tratamento de Sigmund Freud se basearia estavam sendo coletados em outro lugar, assim como hoje, os dados do paciente para o exame físico por qualquer médico de cuidados primários são coletados para análise em outros laboratórios, onde as amostras de sangue e urina do paciente são escrutinadas para interpretação pelo médico. Os dados fornecidos pelos analisandos de Sigmund Freud estavam sendo reunidos naquela imensa câmara que ele chamou de *Unbewusst*, um lugar onde a consciência nunca conseguiria lançar sua luz.

O deslocamento de seu trabalho com pacientes para fora do ambiente hospitalar foi decisivo para a invenção freudiana do protótipo do paciente em psicoterapia, uma vez que localizou o procedimento de psicanálise longe de um ambiente que remete aos odores ambientais da cauterização, produtos do corpo humano e compostos químicos utilizados para limpar feridas, induzir a anestesia e manter um ambiente institucional higiênico. No estudo de Sigmund Freud, havia o cheiro de comida sendo preparada em outro lugar do apartamento do médico, o odor onipresente e acre da fumaça do charuto e o cheiro pesado de mofo dos tecidos e estofados vitorianos. Os odores produzidos pelo corpo do paciente – o hálito azedo exalado por um dispéptico ou a doçura da acetona vazando pelos poros de um paciente diabético – eram sobrepujados pelos cheiros de tabaco queimado, salsichas ferventes e da pelagem de seu chow-chow. Subindo as escadas de mármore para o apartamento de Sigmund Freud, um analisando poderia muito bem estar visitando um parente ou seu advogado. Ela estava entrando em um consultório, não em um hospital ou dispensário.

Sigmund Freud mudou o ser tratado pelos psiquiatras, mudando um *o que* ser tratado para um *quem* ser tratado. Embora, inicialmente, ele persistisse em usar a linguagem da neuropatologia, a concepção de Sigmund Freud da psiconeurose logo já não era mais a de um distúrbio do sistema nervoso e, portanto, um distúrbio do corpo, mas uma condição de desarranjo emocional de uma pessoa, um distúrbio da psique do analisando. O modelo topográfico freudiano do mundo intrapsíquico do paciente vislumbrava conteúdos de uma entidade – a psique – movendo-se de um âmbito para outro, entre *o* inconsciente, *o* pré-consciente e *o* consciente. A psique freudiana não era o cérebro, mas a imagem era de uma coisa em que a energia se movia de um lugar para outro. O modelo estrutural posterior do "eu" (*Ich*) e do "isso" (*Es*) apresentado em *O Eu e o Isso* [*Das Ich und das Es*] (mal traduzido como *O Ego e o Id*, em inglês, e *O Eu e o Id*, em português) incluía um terceiro domínio, o de um "fiscal do eu" (*Überich*). Ainda compartimentalizada, a psique ainda era impulsionada por energia metafórica em um sistema de transformações dinâmicas comparáveis, mas bastante diferentes da energia eletroquímica que salta entre os neurônios e cursos corticais pelo sistema nervoso.

Além de mudar o "objeto" do tratamento, o *objetivo* e a finalidade também mudaram nas mãos de Sigmund

Freud. O tratamento ainda implicava a existência de algo danificado ou quebrado (uma disfunção) a ser reparado. O objetivo do tratamento ainda estava expresso na linguagem da melhoria do funcionamento, da melhora dos sintomas e da possível cura de uma doença. Mas, à medida que o clínico austríaco envelhecia e ganhava experiência, seus motivos para analisar os pacientes mudavam de efetuar uma cura para ajudar o analisando a aceitar os caprichos de sua personalidade. Agora, o objetivo de Sigmund Freud não era curar uma doença, mas, sim, ajudar o analisando a tolerar a resignação em relação à inevitabilidade de ser quem ele *era* e *tinha que* ser, dadas suas experiências prévias de vida, e, por implicação, que ele teria que *continuar sendo* quando descesse as escadas, caminhasse para a rua, fora de Berggasse, 19 e seguisse com sua vida. A meta da psicanálise tornou-se mais modesta: abraçar a "miséria humana cotidiana". Sigmund Freud também aprendeu que o processo de análise pode até implicar ter que se sentir pior por um tempo. Assim como a cirurgia, a "cirurgia psíquica" realizada pela psicanálise quase sempre implicava um período de maior dor, durante e após o procedimento, do que o paciente vinha experimentando antes de entrar na análise.

O objetivo deste artigo não é continuar a rever as muitas encarnações da "profissão de ajuda". Em vez disso, vou me concentrar no que acredito ser o objetivo de todas as formas de psicoterapia, um que esteve em segundo plano desde o início (começando com a psicanálise) e continua a irradiar (às vezes, fracamente) em todos os "cuidados de saúde mental" contemporâneos: autenticidade. Na minha opinião, a autenticidade é o objetivo não reconhecido de todas as formas de psicoterapia, desde a "cura pela fala" de Sigmund Freud até a coqueluche da terapia cognitivo-comportamental (TCC). Mas, antes disso, devo primeiro examinar a noção de intervenção que está implícita em todas as formas de psicoterapia, a fim de ver como ela está relacionada à perspectiva de recuperar a autenticidade.

A intervenção em psicoterapia baseia-se na abordagem médica do sofrimento humano. Para um médico, a menos que se revele "funcional", uma doença indica uma patologia subjacente que (muitas vezes literalmente) clama por exame, avaliação, diagnóstico e gerenciamento – isto é, algum tipo de intervenção[1].

Como a raiz da palavra di*agnós*tico sugere, algo quer ser *conhecido* quando um médico se aproxima de uma pessoa doente. Naturalmente, muitos processos de doença física são silenciosos (assintomáticos), mas os sintomas do sofrimento nervoso são visíveis (ansiedade, tensão, agitação, tremor, paralisia, catalepsia, movimentos estereotipados) e muitas vezes audíveis (choro, grito).

Como a dor física, que se mostra claramente, tais sintomas imploram ao médico que os interprete e, na psiquiatria, desde a época de Emil Kraeplin, classifique o padrão como um transtorno. Sigmund Freud contribuiu com o sistema de distúrbios médicos com sua nova nosologia de doenças nervosas e mentais. A patologia subjacente das psiconeuroses deveria ser inferida, no entanto, uma vez que não havia como demonstrar danos ao "eu", ao "isso" ou ao "meu fiscal" da psique, tal como se poderia verificar danos

---

[1] Na medicina, a noção de uma perturbação "funcional" denota uma condição "de origem não orgânica; um distúrbio sem base orgânica detectável conhecida para explicar os sintomas". Esta definição em um verbete retirado da 26ª edição (1995) do *Dicionário Médico* de Steadman (2003) remete o praticante à *neurose*, um termo que agora está praticamente ausente da psiquiatria (*DSM-IV-TR*). Por sua vez, a segunda definição de *neurose* no Steadman é «uma doença nervosa funcional, ou para a qual não há lesão evidente.

a um coração ou fígado. As primeiras tentativas de Sigmund Freud de uma psicologia científica dos neurônios e da energia Q foram abandonadas e substituídas por uma metapsicologia da vida mental inconsciente que pretendia fornecer um esquema explicativo para justificar seu diagnóstico de histeria, neurose de ansiedade ou neurose obsessivo-compulsiva, por exemplo[2].

O tratamento psicanalítico era único em seu estilo de intervenção, sua espera quase "passiva-agressiva" das associações "livres" do analisando. Seu objetivo era efetivar a verbalização de conflitos intrapsíquicos latentes considerados responsáveis pelo sofrimento observável ou silencioso (até o relato) do analisando. A abordagem atribuía agência às estruturas intrapsíquicas, que eram, na verdade, personificações dos agentes da miséria do cliente. Mostrou-se que as agências estruturais eram como simulacros dos pais dos analisandos (*imagos*), incluindo suas próprias atitudes e valores e seus próprios conflitos intrapsíquicos.

Diferentemente das técnicas médicas, a aplicação da regra fundamental da psicanálise tinha que ser realizada pelo próprio paciente (em sua própria psique) e não pelo médico. Os praticantes logo perceberam que a fluência em se envolver em associação "livre" era, de fato, o objetivo final da psicanálise. Assim que a associação sem censura de memórias fosse possível, a análise poderia ser encerrada, pelo menos formalmente. O trabalho do "instrumento analítico" (a personalidade do analista) havia se concluído, mas o efeito colateral muito desejado de uma análise completa era ter posto em movimento no paciente um hábito de autorreflexão que se poderia esperar que continuasse ao longo de sua vida.

---

2 Steadman (1995) lista trinta e duas neuroses.

Muitas outras formas de intervenção psicoterapêutica foram concebidas na esteira da psicanálise clássica. Estima-se que existam atualmente mais de 400 variedades de aconselhamento e psicoterapia disponíveis nos Estados Unidos, e isso não inclui a impressionante variedade de regimes homeopáticos ("holísticos") e de autoajuda no mercado de doenças mentais e saúde mental ou as formidáveis intervenções fisiológicas e legais da psiquiatria (farmacoterapia e a "terapia do *milieu*" da hospitalização obrigatória). Alguns planos de intervenção são baseados em motivação ideológica e no papel do conselheiro (por exemplo, médico, pastoral, forense), enquanto outros visam uma área da vida psicológica (por exemplo, cognição, motivação, conação, percepção) ou um âmbito da experiência humana (por exemplo, sexualidade, "comportamento ingestivo"). Outras ainda se concentram em uma instituição social (por exemplo, casamento, família) ou estilo de vida ou papel (por exemplo, gênero) em que participa um número significativo da população. Muitos se fundamentam em uma teoria formal e complexa da personalidade (por exemplo, psicologia analítica junguiana, psicologia individual adleriana). Outras têm uma base teórica mais ampla (por exemplo, centrada no cliente, baseada em sistemas, processamento de informações). Outras ainda foram desenvolvidas para uma categoria diagnóstica específica (o trabalho de Kernberg com personalidades borderline, a autopsicologia de Kohut para o trabalho com personalidades "narcisistas"). No final de um dia de consultas, no entanto, todos têm como causa comum ter *intervindo* ativamente na vida daqueles que procuraram seu conselho e ajuda. Seja porque o paciente ou cliente é exigido por lei ou coagido por um membro da família a concordar em trabalhar com um terapeuta, seja quando é o desejo sincero do cliente formar uma aliança terapêutica com um profissional, ele espera a gestão de sua vida de alguma forma pela agência do terapeuta[3].

Embora a psicoterapia envolva algum grau de participação do cliente, ela também implica uma postura essencialmente passiva *vis-à-vis* às intervenções do psicoterapeuta. Qualquer forma de tratamento implica pelo menos dois atores: um que assume um papel passivo de receber o tratamento e outro que assume um papel ativo de fornecê-lo e efetivá-lo. Assim como uma paciente médica se dá permissão para se tornar menos adulta no contexto de uma visita ao consultório do médico, outorgando-lhe autoridade (até mesmo de bom grado) para tocar-lhe e até mesmo invadir

---

[3] As conexões entre um caso legal e um caso tratado na prática médica ou outra prática terapêutica (*casus*) são fascinantes e mais do que uma questão de coincidência linguística. O uso legal da palavra "caso" é anterior ao médico. Este último uso, no entanto, tem o sentido de algo que acontece a alguém, que é o significado essencial da palavra. Ambos os tipos de casos se referem a um conjunto singular de circunstâncias únicas para uma pessoa em particular, mesmo que o crime ou doença (diagnóstico) nomeado seja o mesmo para muitas pessoas. No entanto, a delimitação de um caso jurídico recorre a um corpo de leis, enquanto um caso tratado por um psicoterapeuta é definido pela escolha de uma seleção de características ou sintomas diagnósticos, isto é, padrões de comportamento observados em muitos indivíduos e agora formando conformidade com uma entidade diagnóstica. Uma coincidência marcante do significado dos dois tipos de caso é a antiga associação entre doença e culpa por ter feito algo percebido como errado pelo indivíduo, sua família ou sociedade. Além disso, pode-se dizer que tanto o advogado quanto os conselheiros (psicoterapeutas) gerenciam seus casos e advogam por seus clientes, e ambos estão preocupados com o que é considerado um comportamento aceitável de seus clientes. Finalmente, tanto os pacientes quanto os potenciais litigantes consultam um *especialista* para aconselhamento. Portanto, não é de surpreender que tenhamos, eventualmente, adotado o termo *cliente* no lugar de paciente quando a psicoterapia se tornou aparentemente autônoma de suas origens na medicina.

seu corpo, na psicoterapia a paciente dá ao terapeuta acesso a seus pensamentos e sentimentos privados e permite-lhe que manipule a parte de seu mundo em que ela toma decisões e cria a si mesma. Ao fazer isso, ela dá ao terapeuta permissão para assumir um papel autoritário, quase parental, para seu papel "menos adulto", infantil.

Formas de aconselhamento e psicoterapia vão desde o fornecimento de informações, instrução, educação (ou reeducação) e oferta de conselhos até o oferecimento de apoio emocional, ser um ego substituto ou acompanhar o paciente numa odisseia em busca de *insights*. O objetivo da psicoterapia sempre é a mudança. É mesmo? Aqui, chegamos ao que considero ser o conceito crítico para uma discussão de autenticidade em psicoterapia.

A *mudança* psicológica pode ser o resultado de uma intervenção externa, de autotransformação interior ou uma mudança no ser-no-mundo[4]. Na maioria de suas encarnações, a psicoterapia é associada a um dos dois primeiros caminhos para a mudança. O segundo também tem um lugar nas veneráveis tradições da disciplina espiritual. A primeira, a intervenção externa, também está em casa com vários tipos de doutrinação (por exemplo, treinamento militar, escolaridade obrigatória, instrução religiosa) e certas práticas sociais que começam e terminam com o controle (por exemplo, recrutamento, institucionalização, encarceramento). Os

---

4 A mudança física está ocorrendo continuamente no corpo de um indivíduo como resultado de condições ambientais e processos fisiológicos internos. Muitos estímulos relevantes responsáveis por tais mudanças já foram identificados e alguns podem ser medidos. A mudança psicológica, no entanto, é qualitativa, embora alguns psicólogos afirmem que são capazes de medir a mudança psicológica usando vários instrumentos psicométricos. Se isso é possível por princípio, permanece uma questão em aberto.

métodos de intervenção externa são persuasão, dessensibilização, modificação de comportamento ("modelagem" de sequências de comportamento) e, às vezes, até mesmo punição sistemática.

Na psicanálise, operam processos de autotransformação. Estes ainda não foram bem mapeados, muito menos compreendidos. A psicanálise acontece como uma sequência de (1) diagnóstico preliminar de psicopatologia, (2) intervenção estudada e medida (interpretações, reconstruções e o uso dos chamados "parâmetros"), (3) transmutação interna da estrutura psíquica do analisando e, finalmente, (4) mudança de atitude em relação à sua personalidade, modo de pensar e sentir e comportamento. A psicanálise, então, é um híbrido de intervenção e autotransformação.

Em contraste, os meios de modificação do comportamento são totalmente intervencionistas. Eles incluem recompensar o comportamento desejado ("reforço positivo") e dissuasão em relação ao comportamento indesejável, reter recompensas ("reforço negativo", incluindo ignorar o comportamento indesejado) ou usar judiciosamente punições. Aqui, a sequência terapêutica é (1) identificação de comportamentos indesejados, (2) prescrição de comportamentos desejados e (3) eliminação sistemática dos comportamentos indesejados pela desaprendizagem de comportamentos indesejados e aprendizagem de comportamentos desejados. Caso se considere uma dimensão cognitiva, a série pode ser descrita como (1) reconhecimento de formas ineficazes de pensar (consideradas responsáveis por formas de sentir e agir) e (2) reaprendizagem cognitiva e comportamental de formas de pensar que levarão a um melhor ajuste às normas sociais. Na modificação do comportamento, não se precisa fazer nenhuma suposição sobre uma vida interior (experiência), uma vez que tudo o que é de interesse psicológico tem a ver apenas com o comportamento observável[5]. A experiência, que implica o reconhecimento de uma vida interior, é irrelevante, dado que observações da experiência são impossíveis exceto por introspecção e, portanto, não podem ser confirmadas ou desconfirmadas por uma segunda parte, neste caso, o terapeuta.

As terapias cognitivo-comportamentais assumem que a alteração dos julgamentos sobre os assuntos de sua vida cotidiana leva a respostas mais racionais aos desafios da vida, incluindo especialmente os problemas que urgem uma solução rápida. Formas ossificadas e inflexíveis de "pensar sobre as coisas" dão lugar a métodos mais flexíveis de "pensar sobre" questões críticas na vida que geravam confusão, distúrbios da consciência e uma perspectiva distorcida sobre o comportamento. Do ponto de vista do paciente, a sequência terapêutica aqui é (1) reconhecimento de ideias autodestrutivas, (2) admissão de confusão ou irracionalidade ou impasse cognitivo, (3) simplificação das questões preocupantes, (4) reformulação de problemas em termos de ajustamento e bom senso, e (5) resolução de problemas racional ou logicamente com um senso claro do que é real. A transformação da vida interior limita-se às operações da razão (cognição), que quando é funcionalmente otimizada evita a ocorrência de reações emocionais inquietantes ou frustrantes e comportamentos que incomodam o paciente e os outros.

Na psicanálise, os esforços de uma analisanda para frustrar seu interesse admitido e desejo de mudança são chamados de resistência, que é entendida como uma maneira

---

[5] O principal problema teórico para a teoria da modificação do comportamento sempre foi o significado das chamadas variáveis intervenientes (que não são observáveis) em um mundo de variáveis independentes e dependentes (que devem ser observáveis).

de defender o *self* ou o ego em conflito dos perigos que um relaxamento das defesas poderia produzir. O desejo e um modo de efetuar a mudança são inicialmente fornecidos pelo analista.

Na terapia behaviorista, a mudança é descaradamente imposta ao cliente. Os terapeutas cognitivos contam com a disposição do cliente para reconsiderar sua vida e empreender um esforço conjunto para questionar suas maneiras de "pensar sobre" o que importa para ele e praticar novas maneiras de viver ("lição de casa") fora das sessões terapêuticas.

Analistas e clientes em terapias cognitivas concordam com sua participação no tratamento e esperam ser libertados de fontes externas de controle sobre suas vidas. Os candidatos à modificação do comportamento podem não ter concordado em serem tratados. Na prática, eles são frequentemente pressionados a se submeterem a rotinas de dessensibilização e trocar a submissão a um conjunto de comportamentos socialmente reprovado pela submissão a outras formas socialmente aprovadas de se comportar. Exceto por questões triviais (tabagismo, consumo excessivo de álcool), eles podem ou não *concordar* com serem alterados. Aqueles em terapias cognitivo-comportamentais *aprendem* a pensar de forma diferente e, como resultado, seus sentimentos e comportamento mudam. Na modificação do comportamento, a mudança decorre da submissão ao tratamento, que é, na verdade, uma forma de reciclagem. Na terapia cognitivo-comportamental, a mudança decorre da reeducação.

Em contraste, os analisandos são desencorajados a tomar grandes decisões de vida durante o tratamento, mas a convicção dos analistas é de que, apesar de, em última instância, graças à resistência, o analisando será um tipo diferente de pessoa como resultado da aceitação de quem ele se tornou ao longo dos anos. A mudança na psicanálise equivale à aceitação do que antes era repudiado ou negado e esquecido.

A cultura popular e a maioria dos psiquiatras, agora, acreditam que os agentes químicos mudam a mente das pessoas. Sendo assim, devemos considerar o lugar das drogas psicoativas nesta discussão sobre mudança na psicoterapia. Muitos clientes que, agora, celebram um contrato psicoterapêutico, terão recebido a prescrição de medicamentos psicotrópicos no passado recente e um subgrupo significativo estará tomando medicamentos durante o tratamento. A pronta disponibilidade dessas substâncias por parte dos ocupados médicos da atenção primária e sua popularização pela mídia introduziram uma nova variável na prática da psicoterapia. Com os avanços na psicofarmacoterapia e, como resultado de estratégias de marketing eficazes e lobby da indústria farmacêutica entre os médicos, o campo da psicologia clínica foi dramaticamente alterado. Por um período, alguns psicanalistas hesitaram em trabalhar com clientes enquanto eles estavam sendo medicados. Agora, a maioria aceita o uso de medicamentos psicoativos como uma forma de tratamento adjuvante com a terapia psicodinâmica. A relevância para a presente discussão desta mudança de perspectiva entre os psicoterapeutas é que o uso de drogas, como forma de psicoterapia ou como forma adjuvante de terapia em combinação com a psicoterapia, constitui uma forma de intervenção tão potente quanto as formas mais diretivas de sugestão, coerção, persuasão e modificação de comportamento. As intervenções bioquímicas são extremamente poderosas[6].

---

[6] A popularidade da farmacoterapia como forma de tratamento de distúrbios psicológicos pode, mais cedo ou mais tarde, tornar a presente discussão discutível – mas esse é o tema de outro ensaio.

Após esta breve revisão das três formas mais conhecidas de psicoterapia – psicanálise clássica, terapia comportamental e terapia cognitivo-comportamental – e a sequência de intervenções que levam à mudança que cada uma implica, quero, agora, ter uma perspectiva diferente sobre a noção de mudança na psicoterapia e observar como os objetivos terapêuticos dessas formas de psicoterapia diferem da forma de interação humana denominada análise existencial.

II. Situação, encontro, autonomia, autenticidade

A análise existencial é o representante terapêutico da psicologia *existencial-humanista* e *fenomenológico-existencial*, ambas as quais traçam suas origens a uma linha de filósofos que remontam, respectivamente, a Søren Kierkegaard e Edmund Husserl. Essas linhagens já foram traçadas tantas vezes que não precisam de repetições, aqui. Nesta seção, destacarei um elemento da tradição existencial – a autenticidade – e explorarei seu lugar na análise existencial.

Eu já disse que, em linhas gerais, o objetivo de toda psicoterapia é a mudança, seja o que leva à mudança imposta à pessoa ou autoiniciado. Em cada forma de psicoterapia discutida, ocorre algum tipo de intervenção externa, seja ela flagrante e diretiva, seja indireta, sutil e aparentemente não intrusiva.

Mas existe alguma forma de psicoterapia e maneira de interpretar o trabalho psicoterapêutico que contorne completamente a intervenção e, no entanto, forneça a perspectiva de mudança? Sim, há, se definirmos a mudança como um deslocamento no modo de alguém ser-no-mundo. Mudanças deste tipo ocorrem como resultado da análise existencial.

A análise existencial é uma forma de encontrar e trabalhar com outro ser humano em um cenário de mutualidade minuciosa onde o foco da atenção é a *autenticidade* de ambos os parceiros na aventura. Sua singularidade entre as parcerias humanas reside no fato de que a situação ou o mundo de um membro do par é destacado, enquanto o do outro permanece mais ou menos em segundo plano, mas ainda visível. Aqui, não há lugar para o anonimato (como na psicanálise) ou autoridade invisível e inacessível (como na modificação do comportamento).

Na análise existencial, ambos os participantes mantêm sua autonomia. Seu objetivo principal é *iluminar* o modo de existência ou de ser-em-um-mundo do "cliente" com vistas à afirmação de sua autenticidade[7]. Às vezes penso que devemos abandonar o termo cliente. Em vez de cliente e analista existencial, deveríamos falar de uma parceria terapêutica. Em vez de psicoterapia, deveríamos falar de uma aventura terapêutica, de um *modo de trabalhar*, de uma *abordagem* ou um modo de *encontro* em que dois seres humanos participam de um empreendimento cooperativo. A imagem que me vem à mente é de dois equilibristas na corda bamba que dependem um do outro para equilíbrio e apoio, mas que estão ambos num lugar precário. Um dos dois permanece mais ou menos estacionário, enquanto o outro muda sua orientação no espaço. Ambos estão se apresentando sem rede[8]!

Não há nada de novo no uso do termo "encontro" em psicoterapia, mas gostaria de enfatizar que no meu uso

---

[7] Retenho o termo cliente para o indivíduo pagante na análise existencial, uma vez que é, afinal, um arranjo formal em que uma pessoa (o cliente) consulta outra (o terapeuta) por uma taxa.

[8] Um dos relatos mais eloquentes dessa abordagem pode ser encontrado em uma coleção de relatos sobre a aventura terapêutica por Ernesto Spinelli, *Tales of Un-knowing. Eight Stories of Existential Therapy.* O leitor poderá notar que Spinelli abandonou o uso do termo "caso".

não há implicação de confronto entre os dois participantes da aventura terapêutica. Peço ao leitor que, em vez disso, recorde o sentido original do encontro como uma ocasião casual (que Martin Heidegger considerou em sua ontologia fundamental sob o título do *Jeweiligkeit* de *Da-sein*), com toda a incerteza, surpresa e imprevisibilidade de um encontro ao acaso.

O conceito de autenticidade na análise existencial pode ser melhor compreendido no contexto da filosofia de Martin Heidegger. É importante deixar claro que Martin Heidegger não discutiu explicitamente o conceito de autenticidade na psicoterapia em sua *analítica* [*Analytik*] da existência [*Da-sein*] em *Sein und Zeit* (*Ser e Tempo)*, mas a autenticidade desempenhou um papel importante em sua maneira de pensar sobre a existência naquela época e nos anos seguintes, incluindo o período dos seminários de Zollikon com psiquiatras na casa de Medard Boss, mais para o final de sua vida. Sem o seu trabalho sobre o ser humano [*Seiende*], o tipo de ser para quem o seu *ser* [*Sein*] está em questão e para quem é sempre uma pergunta, possivelmente Kierkegaard não seria lembrado como mais do que um crítico do sistema hegeliano ou o autor de discursos edificantes sobre o modo de vida religioso [*Existenz*]. Nem a psicologia fenomenológica de Edmund Husserl poderia ter sido mais do que uma parte de seu vasto projeto de re-imaginar os atos de consciência. Mas, tal como efetivamente ocorreu, a centralidade da autenticidade no exame de Kierkegaard do "existente" [*den Existerende*][9] corre como uma corrente

[9] Para Kierkegaard, o existente é "o pensador existente", aquele "que está pensando a existência". Ver Agnes Heller, "Living with Kierkegaard", em *Enrahonar, 29,* 1998, pp. 73-74. Martin Heidegger reconhece a influência do relato ôntico (*existentiell*) de Kierkegaard sobre a existência

subjacente em todo *Sein und Zeit* e emerge vividamente no trabalho de psiquiatras que responderam fortemente à filosofia de Martin Heidegger.

Enquanto elaborava as categorias do tipo único de ser que somos, Martin Heidegger, muitas vezes, se referiu ao que é *eigentlich* (autêntico). Em seu pérvio livro sobre o ser de qualquer tipo de ser, seu propósito não era produzir uma antropologia filosófica, embora muitos dos primeiros comentaristas e psiquiatras que foram influenciados pela *analítica* [*Analytik*] da existência de Martin Heidegger tenham acreditado haver encontrado exatamente isso. Embora não seja nem antropologia filosófica nem psicologia, o que Martin Heidegger diz sobre o que é "o mais próprio [*eigenst*]" para a existência pode servir de base para a compreensão da autenticidade no sentido ôntico que ela tem na análise existencial. Na ontologia de Martin Heidegger, isto é, no que diz respeito à possibilidade e ao que permanece ainda não descoberto sobre qualquer fenômeno, a noção do que é autêntico [*eigentlich*] passa por um processo de descontaminação de suas interpretações metafísicas. Revelar o que é "mais seu" sobre um fenômeno, primeiramente, o alivia do verniz de realidade que se instalou nele e o desfigurou no curso de sua história e, em seguida, permite que o escopo de sua possibilidade surja, talvez pela primeira vez, ou depois de um longo período de ter sido ofuscado por distorções

---

em uma nota para a seção de abertura da segunda divisão de *Sein und Zeit* publicada (cf. *Ser e Tempo*, p. 533). Como sabemos, para Martin Heidegger, a trilha leva de volta via Kierkegaard a Agostinho. Sobre isso, cf. Martin Heidegger, *Fenomenologia da Vida Religiosa* (Petrópolis: Vozes, 2010), especialmente o curso "Agostinho e o Neoplatonismo" [1921]. O ponto de partida de Agostinho poderia ser o de qualquer um que entra em análise existencial: *Quaestio mihi factum sum*: Eu me tornei uma questão para mim mesmo.

impostas a ele pelo programa da metafísica que, segundo Martin Heidegger, começou com a filosofia grega clássica[10].

É sabido que Martin Heidegger se opunha a fazer inferências a partir de sua ontologia fundamental da existência [*Da-sein*] para a psicologia e a psicoterapia, mas elas foram ainda assim feitas. O primeiro foi Ludwig Binswanger com sua abordagem à prática psiquiátrica. Mais tarde, com as bênçãos de Martin Heidegger, foi Medard Boss, o psiquiatra suíço que colaborou com Martin Heidegger ao longo de muitos anos e o convenceu de que uma forma de encontro terapêutico poderia ser construída à luz da análise da existência de Martin Heidegger[11], que o fez na *Daseinsanalyse.*

Renunciarei à discussão do trabalho de Ludwig Binswanger, Medard Boss e dos outros analistas existenciais iniciais[12]. Em vez disso, perguntarei por que, apesar de seu

---

[10] Cf. Martin Heidegger, *Platão: o sofista*, com base em um curso na Universidade de Marburg, semestre de inverno 1924-25; *Da Essência da Verdade*, com base em um curso na Universidade de Freiburg, semestre de inverno 1930-21; e "A teoria platônica da verdade", palestra de 1940, no livro *Marcas no Caminho.*

[11] Sobre Binswanger, Cf. *Being-in-the-World.* Evidências da parceria intelectual entre Medard Boss e Martin Heidegger estão agora disponíveis em *Seminários de Zollikon: Protocolos, Diálogos, Cartas.* Ver a bibliografia completa da obra de Medard Boss em Miles Groth, "An International Bibliography of the Writings of Medard Boss 1929-2002" *Review of Existential Psychology and Psychiatry* (2007), e no ensaio "Medard Boss e Martin Heidegger: O analista existencial como um 'tipo de rixi ocidental'", presente neste livro.

[12] Revisão clássica destes autores encontra-se no livro *Phenomenology in Psychology and Psychiatry, A Historical Introduction, de* Herbert Spiegelberg. O leitor também pode consultar meu artigo "Existential Psychotherapy Today," in the *Review of Existential Psychology and Psychiatry, 25*(1-3), 2000, pp. 7-27 (esp. 13-15). Uma nota histórica interessante: Na primavera de 1946, o próprio Martin Heidegger foi tratado por várias semanas por Viktor von Gebsattel (1883-1974) em sua clínica (cf. Rüdiger

status academicamente fora de moda, a abordagem existencial ainda é tão convincente, especialmente para a atual geração de estudantes, precisamente por causa de sua ênfase na autenticidade[13]? A resposta à pergunta é que a análise existencial enfatiza a autenticidade do cliente em um mundo onde a obtenção da uniformidade por meio de técnicas de ajustamento – seja ao passado (como na psicanálise) ou às normas sociais (como na terapia comportamental e cognitivo-comportamental) – é cada vez mais enfatizada. A forte rejeição dessa tendência entre os estudantes na primeira década do

---

Safranski, *Heidegger: Um mestre da Alemanha entre o bem e mal*, p. 411). Lamentavelmente, apenas três breves textos de von Gebsattel foram traduzidos para o inglês [NT: e nenhum para o português]. Cf. J. V. Welie (1995) "Viktor Emil von Gebsattel on the Doctor-Patient relationship" que é seguido por uma tradução do último artigo de Gebsattel, "Meaning of Medical Practice". Na minha opinião, Gebsattel é o psiquiatra que mais se aproxima do modo de pensar de Martin Heidegger. Ele foi conselheiro em psicologia e psiquiatria do *Görres Gesellschaft*, uma organização de estudos católicos que aceitou o primeiro artigo publicado por Martin Heidegger, "*Das Realitätsproblem in der modernen Philosophie*", agora na *Gesamtausgabe 1*, pp. 1-15. O catolicismo de Gebsattel, sua sensibilidade estética e seu conceito da relação "médico-paciente" em seu terceiro estágio "pessoal" fizeram dele o terapeuta ideal para Martin Heidegger. O ponto de vista de Gebsattel pressagia minha própria visão da relação terapêutica como uma parceria. Cf. von Gebsattel (1995), p. 71. Os outros textos traduzidos para o inglês de Gebsattel são "The World of the Compulsive", em *Existence*, de Rollo May *et al.* (1958), e seu "Prefácio" para Hubert Tellenbach, *Melancholia* (1980). Sobre von Gebsattel, ver Spiegelberg, pp. 249-259.

13 Para um relato pessoal do meu encontro com a análise existencial, ver "The Body I Am: Lived Body and Existential Change", assim como a série de artigos: "Existential Psychotherapy Today" (2000), "The Background of Contemporary Existential Psychotherapy" (1999); "Terapia existencial sob princípios heideggerianos", presente neste livro, "Therapeutic Revalidation in Existential Analysis" (2002) e "Human Being and Existence. The Beginnings of and Existential Psychology" (1995).

novo milênio ecoa o clima entre os estudantes nas décadas de 1960 e 1970, quando a psicologia existencial teve o primeiro impacto nos programas de graduação e pós-graduação em filosofia e psicologia clínica. Agora, os jovens estão mais uma vez desafiando a revogação da liberdade pessoal que a sociedade contemporânea parece determinada a impor-lhes. Há uma suspeita crescente quanto à perda de controle sobre o próprio corpo, bem como à rendição da liberdade que a farmacoterapia implica. Há uma característica da vida do século XXI que ainda não era uma grande influência na época da "contracultura", que tinha visto o uso de drogas psicotrópicas somente no final da década de 1950.

Na abordagem que estou descrevendo, dois mundos se interpenetram, um dos quais é iluminado, graças apenas à participação de *ambos* os indivíduos *para os quais sua autenticidade está em jogo.* Um dos parceiros deve permitir-se recuar um pouco para a sombra, mas sem perder a visibilidade. Este é aquele que mantém a supervisão responsável (mas não autoridade sobre) ao encontro, sem forçar ou permitir qualquer perda de autonomia própria ou de seu parceiro. Na análise existencial, o mundo de alguém torna-se altamente visível numa situação única, cuja peculiaridade reside no fato de ser configurada precisamente para revelar o que lhe foi eclipsado. Este estado de coisas – o eclipse da existência – é o que traz a necessidade de um encontro terapêutico em primeiro lugar. Poucas outras situações da vida nos permitem tal oportunidade de exposição. A qualidade fundamental da aventura terapêutica na análise existencial é seu objetivo único de iluminar possibilidades que estão ocultas. Se definirmos autenticidade como *estar aberto a toda a gama de possibilidades disponíveis para um indivíduo*, a análise existencial é o trabalho de fornecer uma situação que permita a recuperação da sua autenticidade.

O que outras formas de psicoterapia denominam sintomas, eu considero questões não formuladas. Depressão, ansiedade, ideação fóbica, anomalias perceptivas e até mesmo sistemas de pensamentos bizarros e extraordinários são vistos como aberturas distintas para um mundo. O analista existencial permite que sejam feitas perguntas que foram proibidas de articulação. Oportunidades para permitir que tais questões apareçam raramente ocorrem na ocupação cotidiana da vida, onde quase tudo é necessariamente dado como certo ou é assumido, isto é, deixado inquestionado. Claro, como poderia ser de outra forma? A vida social requer uma ampla gama de suposições relativamente inflexíveis sobre espaço e tempo, lugar e persona, e modos admissíveis de relacionamento interpessoal. As interações cotidianas não dão, como disse o poeta Robert Graves, "nenhuma ocasião para abordagem ou discurso" [*no occasion for approach or discourse*][14]. Nós simplesmente repetimos as frases de efeito que nos impedem de perder o equilíbrio na superfície dessa teia de conexões e relações que é a nossa vida social. "Como você está?", "O que há de novo?", nós imitamos os gestos e as trocas verbais aprendidas com nossos pais, colegas e a mídia, mas esquecemos que cada um desses hábitos de fala foi adquirido às custas de uma perda de liberdade para falar abertamente. Nessa medida, a vida cotidiana, como Martin Heidegger apontou, exige *inautenticidade* de cada um de nós e não poderia continuar em seu modo familiar sem esse sacrifício.

Caindo em padrões rotineiros de reação, nós, necessariamente, nos esquecemos de nós mesmos. Encontramo-nos num mundo de sistemas de comunicação e continuidades

[14] Robert Graves, "A Former Attachment," *Collected Poems* (1958), p. 133.

linguísticas. Cada vez mais, não importa onde estejamos, nunca estamos sozinhos. Considere o telefone celular, agora, carregado como se fosse um pequeno objeto transicional (no sentido de Donald Winnicott). Com ou sem esse dispositivo, incessantemente, fazemos conversa fiada, miniafirmações emitidas sem reflexão ou consideração. Nada disso é evitável, mas deve ser reconhecido pelo que é, uma vez que somos criaturas que se *importam com* o que está acontecendo, no sentido de que somos lembrados disso a cada momento, prestamos atenção e devemos cuidar disso.

Aqueles que buscam uma parceria terapêutica estão num momento de suas vidas mais sensível a essas características do cotidiano e se revoltam contra elas. Muitas vezes, "bateram cabeças" com a sociedade no passado recente, começando com suas famílias. Sabidamente, o que está em jogo para eles é a sua autenticidade, que contrasta tão fortemente com o que "todos os outros" fazem, o que as "pessoas" fazem[15].

A psiquiatria e as principais marcas de psicoterapia que se baseiam no modelo médico, identificam o desconforto da inautenticidade como um sinal de doença mental ou transtorno das funções da vida psicológica, incluindo consciência, memória, cognição, percepção, afeto e conação. Em contraste, a análise existencial entende o desconforto como uma consciência cintilante (às vezes, gritante) da autenticidade perdida.

---

[15] Leitores familiarizados com *Sein und Zeit*, de Martin Heidegger, lembrar-se-ão das características da existência discutidas em suas páginas: *Verfallenheit, Geworfenheit, Rede, Mitsein, Man* and *Sorge*. Grande parte da suposta obscuridade sobre as discussões de Martin Heidegger sobre a existência e os existenciais é devido a traduções defeituosas de suas palavras básicas, incluindo como elas foram "traduzidas" para o alemão! Cf. meu livro *Translating Heidegger* (2004).

Indivíduos que estão desconfortáveis desta maneira são geralmente rotulados de acordo com o esquema classificatório de psicopatologia codificado no *DSM-IV-TR* (2000) da Associação Americana de Psiquiatria e na *Classificação Estatística Internacional de Doenças e Problemas de Saúde Relacionados* ou *CID-10* (1992) da Organização Mundial da Saúde[16]. Para o analista existencial, entretanto, tal sofrimento é visto como algo positivo – um anseio por autenticidade.

III. Autenticidade na análise existencial

A autenticidade é o principal objetivo da análise existencial. Entende-se como uma realização da liberdade humana[17]. O objetivo da análise existencial é devolver ao indivíduo a autoria primária de sua existência. Todos nós tivemos a nossa existência conferida a nós pela figura materna em nossa vida durante as primeiras semanas e meses. Ela foi validada nos anos seguintes, mais notadamente nos pontos de virada ou no que Erik Erikson chamou de crises do ciclo da vida, quando a autoria da existência é conclamada a prestar contas[18]. Durante estes períodos de intensificada demanda por autocriação, a autenticidade está mais em jogo e a validação de nossa existência por outros é crucial. Por exemplo, a crise dos dois anos ("*terrible twos*") da primeira infância é um período de criação vigorosa de si, quando

---

[16] Uma quinta edição do *DSM* está prevista para 2010. Stuart Kirk e Herb Kutchins desafiaram a validade estatística do esquema classificatório americano do *DSM-III* (1980) em *The Selling of DSM: The Rhetoric of Science in Psychiatry*.

[17] Se a autenticidade deve ser considerada, propriamente falando, um objetivo da análise existencial será abordado a seguir.

[18] Cf. meu artigo "Therapeutic Revalidation in Existential Analysis".

se torna claro para nós que somos tanto o artista quanto a obra de arte que constitui uma vida. Novamente, durante a adolescência, o *eu* passa por uma "edição" e revisão. Carl Gustav Jung enfatizou o que a maioria das culturas tem documentado, a saber, que a adolescência é um momento em que a forma do si mesmo da infância pode ser quebrada e se lança uma nova figura de si.

Sempre que o *eu* é revisto, a existência deve ser revalidada. A análise existencial pode fornecer a um indivíduo o tipo de revalidação necessária em tais momentos. A revalidação também é necessária quando a existência de alguém está na balança por causa de traumatismo. Como podemos entender essa criação do *eu*, seus momentos críticos e o trabalho da análise existencial, quando a existência de alguém é especialmente vulnerável?

Talvez uma das contribuições mais duradouras de Jean William Fritz Piaget para a psicologia, seja ter visto que, durante os primeiros meses de vida, *nossos primeiros pensamentos são atos* que criam o si mesmo[19]. Esses atos são internalizados e se tornam plantas (esquemas) para uma rede representacional de relações mentais cada vez mais complexa. As representações são modificadas internamente e, por sua vez, modificam o dinamismo que as internalizou[20]. Que o si mesmo começa como uma série de atos, parece inegável, mas para o analista existencial não há necessidade de assumir

---

[19] Veja, por exemplo, Jean William Fritz Piaget and Bärbel Inhelder, *A Psicologia da Criança* (2003).

[20] Parece-me que Martin Heidegger também entendeu que os primeiros pensamentos são atos, mas, reconhecendo a inadequação do vocabulário e dos pressupostos da psicologia empírica, teve que encontrar outro meio de dizer a mesma coisa. O mais próximo que ele chega disso é em seu último curso na Universidade de Freiburg (1951-52) publicado em 1954 as *Was heisst Denken?* na *Gesamtausgabe 8* (2002).

que a criação de si é o resultado de um sistema dinâmico *interno* que constrói uma imagem de si e uma narrativa de si que, mais tarde, pode ser expressa na psicoterapia. Se, ao invés disso, tal como Martin Heidegger sugeriu há muito tempo, a existência não está de forma alguma dentro de algo (por exemplo, a mente ou a psique), mas, sim, "lá fora" *como* um mundo, e se, na experiência, si mesmo e mundo não são distinguíveis, o analista existencial não tem nada a escavar ou desenterrar (ambas metáforas psicanalíticas) das profundezas da psique e revelar à luz do dia para exame da consciência[21].

Na análise existencial, o trabalho de ambos os parceiros é *ver* o si mesmo de alguém tal como ele está se dando nas coisas no mundo dessa pessoa, incluindo, especialmente, seu corpo. Aqui está o que me parece ser a noção-chave da análise existencial: o si já está lá fora para ser visto, mas somente se se está livre para fazê-lo, isto é, somente se sua existência é autêntica.

Como Erich Fromm apontou há muitos anos, a liberdade humana não equivale a uma exoneração de restrições ou uma libertação da sujeição, mas, sim, o acesso às possibilidades mais próprias [*eigenste*] de alguém[22]. Este é o próprio tipo de liberdade buscada na análise existencial – *liberdade para* em contraste com a *liberdade de.*

Como meta da análise existencial, a autenticidade é o modo de ser que um ser humano é *como as coisas são*, ou, para usar o termo de Martin Heidegger, "facticamente". Ser

---

[21] Deve-se lembrar que Jean William Fritz Piaget experimentou a psicanálise, em primeira mão, como analisando e foi fortemente influenciado pelo modelo psicanalítico de dinâmica intrapsíquica no desenvolvimento de seu método único de pesquisa que primeiro combinou a observação direta com a entrevista estruturada.

[22] Erich Fromm, *O Medo à Liberdade.*

livre é o que fazemos, em primeiro lugar; é o que somos, em primeiro lugar (em um uso transitivo do verbo 'ser'). A liberdade é a nossa herança ontológica e a autenticidade é o seu sentido existencial. Como já foi dito, o fato de sermos forçados a escorregar na inautenticidade desde a primeira infância não é culpa nossa. Na verdade, é uma inevitabilidade do que fazemos, dia após dia, ao nos tornarmos humanos. Em outras palavras, caímos na inautenticidade como parte da barganha de sermos humanos. Mas a autenticidade está implícita em sua ausência (inautenticidade) e ansiamos por ela. Experimentamos esse anseio como ansiedade ou angústia [*Angst*], que não são sinais de problemas, doenças ou enfermidades, mas, sim, uma porta que, quando se a permite abrir-se, deixa entrar a luz da autenticidade.

Há muitas maneiras de voltar à autenticidade. A psicoterapia não é a única, talvez nem seja a melhor ou mais eficaz. Mas, dada a ausência de espiritualidade na vida moderna, a maioria de nossos companheiros seres humanos tem poucos outros caminhos de volta à autenticidade existencial ainda abertos. É justo dizer que muitos indivíduos criados no final do século XX sequer sabem sobre sua autenticidade original até que, num momento de crise existencial, ela se desvela. Mais que isso, eles sequer sabem da ausência dessa liberdade perdida. Como diziam os existencialistas pós-Segunda Guerra Mundial, como Jean-Paul Sartre, se e quando a nota, a maioria foge de sua liberdade.

Como um grupo, os adolescentes parecem profundamente conscientes de que algo desse tipo está faltando. Pode ser por isso que a necessidade de uma parceria terapêutica seja tantas vezes tão atraente no final da adolescência e por que esse momento da vida seja tão notável por seus pontos de virada existenciais. Outros momentos que trazem a consciência da liberdade perdida incluem epifanias, como um encontro com a morte, o falecimento de um dos pais ou a conversão religiosa.

O que distingue as pessoas que entram em parcerias terapêuticas é o fato de terem sentido de alguma maneira a perda da sua liberdade. O que quero deixar claro é que as suas queixas e sofrimentos são sinais bem-vindos, e temos de os ler como tal. O que está aberto para eles, mas permanece fechado para a maioria, é a descoberta de que eles não estão livres. A inautenticidade é o sentido sentido dessa perda. Como a conhecida resposta de Medard Boss à pergunta de um paciente "Por quê?" indica, um analista existencial deve afirmar essa perda. Em resposta a ser informado sobre um impulso intrigante, Medard Boss confirmou o reconhecimento do outro da possibilidade de sua liberdade existencial e de como isso poderia ser transformado em vantagem terapêutica com sua resposta: "Por que não?"

Como a autenticidade, a liberdade humana é necessariamente revogada no processo de socialização. O que poderia compensar essa perda, se é que poderia? O óbvio *trade-off* para a liberdade sacrificada no altar da socialização é o poder, primeiro na forma de independência (controle sobre o próprio corpo e impulsos) e depois, no estabelecimento de um equilíbrio de poder (domínio relativo) em cada relação com outro ser humano. O poder, no entanto, é, em última análise, um substituto pobre para a liberdade entregue a cada um de nós com a nossa existência.

Como Ronald David Laing sugeriu, os "loucos" entre nós podem ser os mais sensíveis à perda da liberdade existencial. Os mais veementemente "insanos" se recusam, estridentemente, a jogar o jogo de equilibrar o poder nos relacionamentos. Eles podem assumir a posição extrema de onipotência (incluindo o pensamento mágico sobre seus poderes) e recusar-se a participar de certas áreas da vida social, ou abandonar completamente a independência e ceder à passividade catatônica. Seu sofrimento é certamente grande, mas pode ser o curso de reciclagem que o resto de nós precisa para ser lembrado do que abrimos mão em maior ou menor grau ao crescer.

Os menos "perturbados" e os rotulados de "delinquentes" ou "antissociais" também não se comprometem tomando o lugar que lhes foi atribuído na rede social. Eles protestam contra sua perda de liberdade com queixas "neuróticas" ou em *acting out*. Aqueles que foram traumatizados também tiveram sua liberdade arrancada e compõem um importante grupo de indivíduos que talvez possam se beneficiar mais da parceria terapêutica disponível na análise existencial.

Mas o que dizer da pessoa, cada vez mais comum, que nos diz que não tem certeza de qual "é o seu problema"? Sentimentos vagos de conteúdo, objetivos ambivalentemente mantidos, anomia, afeto achatado dominam seu mundo de vida. Sua queixa é global, incipiente e inespecífica, mas muitas vezes tingida de raiva ou de uma intranquilidade irritável geral. Somos tentados a dizer que ela está procurando algo para ser "o problema", uma vez que muitas vezes tal pessoa está adequadamente posicionada numa família e tem um trabalho no qual é bem-sucedida. Assim como "tem trabalho" e "tem o que precisa", também pode "ter um namorado" ou "namorada" e regularmente "fazer sexo". Pode até "ter uma família" ou "ter um filho". No geral, no entanto, ela encontra pouco lastro e estabilidade no que tem.

Na verdade, quanto mais ela *tem*, menos ela é. A maioria, neste grupo, normalmente tem dúvidas crônicas sobre o que eles "querem ser" (muitas vezes, "quando crescerem") que não são amenizadas pela aquisição de graus acadêmicos ou licenças, sendo contratados para cargos com "potencial de crescimento" ou alcançando reconhecimento dentro de seu campo.

Relacionando a liberdade como um problema filosófico com a autenticidade na análise existencial, encerrarei com um caso clínico e algumas sugestões para uma discussão mais aprofundada.

IV. A história de "B"

Esta é a história de B. Ela ilustra como uma parceria terapêutica pode permitir que a possibilidade de maior autenticidade existencial apareça no mundo de vida dessa pessoa.

> B é uma filha única de 25 anos, que, três anos antes de nos conhecermos, obtivera seu primeiro diploma de pós-graduação em uma universidade americana de excelência. Encorajada por seus professores universitários a buscar o mais alto diploma em seu campo e, eventualmente, lecionar no nível de graduação, ela completou o mestrado com distinção (tal como fizera no bacharelado), mas depois abandonou o programa. Ela trabalhou para uma empresa de publicidade por um ano e, em seguida, tentou uma carreira de atriz em Los Angeles e Nova York, enquanto vivia em casa e ganhava dinheiro como garçonete.
>
> Ela se queixa de uma variedade de pequenas obsessões e de "se sentir estressada o tempo todo". Sua narrativa de atividade atormentada e de excesso de demandas urgentes é acompanhada por risos leves. B parece estar falando de outra pessoa (vamos chamá-la de "B"), não de si mesma.
>
> Ela diz que "B" tolera homens inadequados, a quem, no entanto, prefere a homens que querem

"cuidar" dela. "B" se vê como "cuidando" dos meninos imaturos que ela namora.

A vida de B é uma produção, um melodrama ou uma novela em que "B" tem o papel principal. De certa forma, B já *tem* a "parte" que está buscando com o seu portfólio, através de contatos com agentes de talento e em exposições nas costas leste e oeste. Sua vida é algo que B experimenta como algo que "B" "tem". Ela não vê que ela *é* a sua vida, nem vê que a fonte de seu dilema sobre "o que ela quer ser" é uma busca por autenticidade. "Tendo" que ser *algo*, ela não está livre para "ser" *alguém*.

Embora ela ainda seja bastante jovem, B é uma candidata a um diagnóstico primário preliminar de transtorno de personalidade histriônica (*DSM-IV-TR*) para o qual a farmacoterapia pode ser o tratamento indicado. Na verdade, sua mãe sugeriu que B procurasse ajuda psiquiátrica para "descobrir" o que ela "quer fazer com" sua vida. Para seu crédito, B sente que a prontidão de sua mãe para que sua filha seja tratada com medicamentos é um caminho direto para esquecer que algo é "a questão". Ela relata que sua mãe, há muito tempo, esqueceu-se disso e resignou-se a uma indiferença em sua própria vida que B não consegue tolerar, muito menos abraçar. B fica intrigada e vê o que é "a questão" como um caminho para a sua existência, não um bloqueio para um movimento adicional.

No início, B vê nossa parceria terapêutica como mais um episódio em sua vida de "novela da tarde", a vida de "B". Para ser capaz de levar a parceria a sério, B teria que ser capaz de se levar a sério como uma questão e como um horizonte de possibilidades, não um papel a desempenhar ("B") enquanto ela procurava "partes melhores" no "mundo real" de uma série de televisão ou de um filme.

B está bem informada sobre o determinismo psicanalítico e procura "razões" para suas atitudes e motivações nas experiências da primeira infância. Ela tem pouca confiança no exemplo dado a ela por seus pais, que foram separados por 18 anos, mas não se divorciaram, e recentemente voltaram a viver juntos novamente.

Ela relata que seus professores na universidade a decepcionaram, embora, dadas suas excelentes habilidades verbais, ela diz que foi capaz de "enganá-los" a acreditar que ela estava interessada no que eles queriam que ela "tivesse": um diploma, uma posição de professora, uma carreira na academia e uma cátedra em uma faculdade ou universidade "importante". Ela não se sente próxima de ninguém, é crítica de sua aparência e ressentida de como os outros ditam como deveria ser sua aparência, mesmo perseguindo uma "carreira" baseada na criação de personagens. Os homens também a decepcionaram; B os percebe como sendo estúpidos e fracos ou exploradores e perigosos, sem um meio termo. Uma mulher mostrou-se interessada sexualmente por ela, mas ela não conseguiu responder. Em geral, ela não gosta da companhia de mulheres. As vantagens oferecidas a B, como bolsas de estudo, subsídios para estudo e os privilégios de uma renda familiar de classe média alta a decepcionaram, assim como Los Angeles e Nova York, que ela vê como meramente lugares de distração e entretenimento, um "cenário" ou palco no qual encena sua vida como "B".

A lacuna existencial entre B e "B" era uma medida da distância da experiência dessa jovem de sua autenticidade existencial. Como a lacuna é inevitável, minha postura como analista existencial foi fundamentalmente de "não a culpar". Dado que B reconhecia essa lacuna, uma parceria terapêutica

> era possível e desejável. Para colocar de maneira um tanto esquemática e artificial: a parceria não visava intervir na existência de "B" em nome de B, mas, sim, propiciar que a autorrealização de B se desenrolasse. Não havia uma versão perdida de B a ser encontrada, restaurada e restabelecida, nem versão incompleta a ser "acabada" (como a visão psicanalítica poderia propor).
>
> "B" não era uma versão indevidamente construída ou deformada de B que precisava ser remodelada ou "endireitada" (como um behaviorista poderia vê-la), nem era só uma questão de B pensar sobre si mesma de forma diferente que permitiria que "B" e B coincidissem. B era uma possibilidade não reconhecida.

Na análise existencial, o máximo que uma parceria terapêutica pode proporcionar é o reconhecimento de possibilidades que até então eram vistas como problemas. Não se trata de reconhecimento, mas de *ver* de novo. Eu vi os chamados "distúrbios" de B não como perturbações de algum estado "normal" imaginado, mas, sim, como questões não formuladas sobre como ela *pode ser*, o que significa precisamente como ela já é (como B) se ao menos estivesse livre para ser dessa maneira e não tivesse que criar o papel "B".

Uma parceria terapêutica na análise existencial não tem um resultado, seja ele definido em termos de curto prazo (como ajuste) ou imaginado como o culminar de uma longa viagem de autorredescoberta que leva ao *insight* (como na psicanálise). A autenticidade, então, pode ser melhor entendida como um novo *começo* na plenitude da existência *inautêntica* (neste caso, "B"). A autenticidade só é uma opção para alguém porque abraçou sua inautenticidade. A história de B ilustra isso especialmente bem. A liberdade empunhada ou "colocada em marcha" não é uma fuga da inautenticidade, mas, sim, o reaparecimento de uma capacidade de autoria de si no contexto inevitável da inautenticidade. "B" continuou a desempenhar seu papel, mas B pôde aparecer como a possibilidade subjacente que possibilitou que "B" fosse criada e investida de proeminência social.

A parceria terapêutica proporciona a experiência desse paradoxo da existência. O prazer de trabalhar como analista existencial é testemunhar o surgimento inesperado da liberdade humana.

5. O retorno do terapeuta: O psicoterapeuta genuíno (parte I)

International Journal of Psychotherapy, 18(1), pp. 5-18, 2014.

É notável que, entre os profissionais de saúde mental e aqueles que os consultam quando em sofrimento, não há consenso sobre os critérios do que constitui o bom "curandeiro das mentes". Em parte, isso reflete o *status* do conceito de mente nas diferentes, ainda que relacionadas, áreas da psiquiatria e psicologia clínica. Embora o documento classificatório básico usado pelos psiquiatras contenha a palavra "mental"[1], eles não se consideram mais curandeiros da mente, mas sim psiconeurologistas que tratam o cérebro e o sistema nervoso, assim como os cardiologistas tratam o coração e o sistema circulatório. Vivemos em uma era em que cursos introdutórios sobre psicologia se concentram no cérebro, relegando a noção de espírito a uma nota de rodapé dos arquivos da história da psicologia. É improvável que um residente em psiquiatria tenha estudado psicologia além de um curso de nível de calouro universitário[2]. Da mesma

---

[1] DSM-5.

[2] Nos últimos anos, a Associação Americana de Psiquiatria orientou seus chefes de programa em hospitais a introduzir o estudo da teoria psicodinâmica no currículo de formação dos residentes. Não está claro quantos programas estão implementando rigorosamente a diretiva e até que ponto a instrução está tendo algum impacto

forma, se um psicólogo clínico não-médico for consultado, a pessoa que procura assistência será novamente enganada se o praticante for entendido como um especialista na mente. Quase todos os programas de formação que, agora, levam ao doutorado (um diploma acadêmico) em psicologia clínica ou ao PsyD (o diploma profissional em psicoterapia), seguem a abordagem comportamentalista, que, do princípio, dispensou o conceito de mente[3]. Em quase todos os programas de graduação não-médica, a terapia cognitivo-comportamental (TCC) é a primeira modalidade de tratamento que os alunos são ensinados e autorizados a usar com seus clientes. Isso levaria a conclusão de que a TCC é a modalidade mais comum de psicoterapia sendo praticada – se fosse uma forma de psicoterapia, o que, na minha opinião, não é[4].

Embora a ideia mesma de um curandeiro da mente tenha se tornado um pouco anacrônica, aqueles que sofrem de sintomas relativamente benignos (embora sérios), como ansiedade e depressão, ou sintomas extremamente perturbadores e assustadores (como alucinações e delírios), no entanto, continuam a procurar alguém que, segundo eles, será capaz de curar o que a maioria ainda pensa como

---

sobre os jovens psiquiatras. Um curso de seis semanas em terapia cognitivo-comportamental (TCC) é bem menos exigente do que uma série de quatro anos de palestras semanais e seminários sobre teoria psicanalítica, teoria das relações objetais, psicologia do ego e psicologia do *self*.

[3] A psicologia clínica começou com a tradição psicodinâmica estabelecida por Sigmund Freud e sua forma de tratamento conhecida como psicanálise. Já no início do novo milênio, no entanto, quase nenhum profissional de saúde mental era exposto a ideias psicodinâmicas. O conceito de experiência tornou-se *passé*. O objeto de estudo e tratamento era o organismo em comportamento.

[4] Groth, "Cognitive-behavioral therapy and existential analysis: Reflections on current psychiatric training and practice in the United States"

sendo a sua mente, ou seja, o assento de sua experiência e o senso de si mesmo. Uma estranha desconexão entre aquele que está sofrendo e aquele que está sendo procurado para proporcionar alívio é peculiar do nosso tempo. Enquanto os indivíduos buscam ajuda de profissionais de saúde mental, estes últimos passam a se ver como praticantes que embasam seu trabalho, seja no modelo médico de tratamento físico ou no modelo comportamentalista de ajustar os clientes ao que o praticante entende ser uma certa realidade social compartilhada. Pacientes atendidos por um psiquiatra geralmente são medicados. Se eles se envolvem em uma forma de aconselhamento ou psicoterapia, eles podem esperar que lhes seja dito que devem pensar diferentemente sobre o que os incomoda. Em nenhum dos casos, nenhuma consideração é dada ao significado de sua experiência, embora isso seja o que os preocupa mais profundamente.

Quando eles não estão mais capazes de trabalhar e amar de maneiras que lhes tragam satisfação e senso de valor, muitos indivíduos estão, agora, desafiando ambas as respostas profissionais às suas necessidades e começam a procurar o bom curandeiro da mente (ou o que costumava ser chamado de alma). Eles não recorrem mais a um líder religioso ou um guia para falar sobre seus problemas e preocupações, como quase todo mundo fazia antes do advento da psicanálise. Após um breve período que durou aproximadamente a primeira metade do século XX, quando os psicoterapeutas assumiram algo desse papel, agora nem o psiquiatra nem o psicoterapeuta cumprem essa função. Os praticantes da *psicoterapia genuína*[5] estão, agora, cada vez mais raros.

---

[5] O termo é adaptado do uso de Ronald David Laing, no qual ela fala de um "psicoterapeuta genuíno" em *O Eu Dividido*.

Então, o que aconteceu e quais são as consequências dessas mudanças impressionantes no campo da prática em saúde mental? Qual foi a origem do bom curandeiro da alma e o que aconteceu com ele?

No que se segue, discutirei as diferenças entre o curandeiro dos corpos e o curandeiro das mentes (relacionando ambos com a terminologia da prática de saúde mental contemporânea) com referência a (1) uma tradição antiga que marcou o início da cura das mentes, (2) o desaparecimento e o renascimento dessa tradição, (3) a natureza do curandeiro moderno de mentes ou psicoterapeuta, (4) e, particularmente, na parte 2, Ronald David Laing como o modelo quintessencial de tal curandeiro, a quem nomeio como modelo do terapeuta para o século XXI.

O médico e o psicoterapeuta tiveram um parentesco que começou no primeiro século d.C., quando os *Therapeutae*, uma seita judaica relacionada aos Essênios, que viveu no Egito, praticavam uma arte que diferia da dos médicos, que trabalhavam na, já bem estabelecida, tradição hipocrática[6]. Seu estilo único de interação com os outros parece ter desaparecido, na maior parte, por dois milênios, apenas para ressurgir no final do século XIX com a psicanálise de Sigmund Freud. O que os *Therapeutae* faziam que era tão diferente do que Virgílio na *Eneida* chamou de *ars muta* (arte silenciosa) do médico? Por que sua forma de cura desapareceu por dois mil anos e por que ela reapareceu para então submergir novamente pouco depois, apenas para reaparecer em meados do século XX?

---

[6] Taylor & Davies (1998). "The so-called Therapeutae of *De Vita Contemplativa*: Identity and character". Há questionamentos sobre se havia mesmo um grupo. Mas isso é de menor importância, já que o que nos interessa é somente o relato do que certos indivíduos faziam.

Embora Sigmund Freud não tenha sido o primeiro médico a usar a palavra *psicoterapeuta* no sentido moderno[7], já em 1893 ele falava de tais curandeiros de uma forma que lhes dava legitimidade, principalmente em relação com o que viria a ser conhecido como a "cura pela fala"[8]. Sigmund Freud usou o termo psicoterapia (*Psichoterapie*) já em 1904, embora ele também já estivesse escrevendo sobre seu "procedimento psicanalítico (*psychoanalytische Methode*)"[9]. Em 1900, Sigmund Freud havia diferenciado o médico (*Artz*) e o psicoterapeuta (*Psychotherapeut*)[10], mas, em 1905, ainda confundia os dois papéis, escrevendo "minha prática médica como psicoterapeuta (*meine ärztliche Tätigkeit als Psychotherapeut*)"[11].

É compreensível que Sigmund Freud tenha preferido a designação profissional psicanalista como parte da promoção de sua nova "ciência", mas é justo dizer que ele nunca deixou de pensar em si mesmo como um *psicoterapeuta (Psychoterapeut)*,

---

7 Aparentemente, Hippolyte Bernheim utilizou a palavra 'psicoterapia' pela primeira vez em 1891 e Sigmund Freud estudou com Bernheim em Nancy em 1889. Sigmund Freud também parece ter "adaptado" a frase de Pierre Janet "análise psicológica" para "psicanálise". De modo semelhante, tem sido sugerido que a "restrição de consciência" de Janet tornou-se "repressão", "dissociação psicológica" tornou-se "catarse" e o que Janet chamava "*rapport*" tornou-se "transferência". Cf. Boadella (2012), pp 55-57.

8 Nas primeiras palestras ministradas nos Estados Unidos da América, em setembro de 1909, na Clark University, Sigmund Freud anunciou que um dos pacientes de Josef Breuer, que falava inglês, havia cunhado o termo "cura pela fala" (traduzido por Josef Breuer por *Redekur*). Sigmund Freud, *Cinco lições sobre psicanálise*.

9 Sigmund Freud, "*Sobre a psicoterapia*" e "*O método psicanalítico de Sigmund Freud*".

10 Sigmund Freud, *A Interpretação dos Sonhos*.

11 Sigmund Freud, *Os chistes e a sua relação com o Inconsciente*.

e eu tomo isso como significando alguém na tradição dos *Therapeutae*[12]. Já em 1909, Sigmund Freud havia substituído o termo 'psicoterapeuta' pelo neologismo 'psicanalista' (*Psychoanalytiker*) em seus escritos, e enquanto ele escrevia apenas sobre psicanalistas, eu diria que Sigmund Freud sempre teve em mente o que eu me refiro como o terapeuta[13].

Dada a formação médica de Sigmund Freud e o interesse precoce de psiquiatras (mais notadamente Eugen Bleuler e Carl Gustav Jung) na psicanálise, a impressão foi facilmente formada de que os primeiros psicoterapeutas, desde os *Therapeutae,* tinham que ser psiquiatras, e isso significava serem médicos. Sigmund Freud não apoiou isso, no entanto, e acolheu e defendeu psicanalistas não médicos[14]. No entanto,

---

[12] Sigmund Freud conhecia a seita e sua tradição? Dada a sua ampla educação clássica, é muito provável que ele tenha ouvido falar deles, mas ele parece não ter escrito sobre a relação entre o que ele estava fazendo e a arte peculiar de cura deles.

[13] Sigmund Freud, "*A história do movimento psicanalítico*". Em *A Interpretação dos Sonhos*, (*1900* [1899]) Sigmund Freud fala retroativamente de ter "tratado psicanaliticamente" um paciente, em 1895.

[14] Muitos dos psicanalistas de primeira geração (Otto Rank, Thedore Reik, Hanns Sachs, Oskar Pfister) não eram médicos e, de fato, Sigmund Freud recomendou que a melhor preparação para fazer psicanálise era ler grande literatura, não estudar medicina. A questão da relação entre médicos e psicanalistas tornou-se crítica em 1926 em "A Questão da análise leiga", onde o termo analista leigo (*Laienanalytiker*) foi usado pela primeira vez por Sigmund Freud. Apesar da posição de Sigmund Freud sobre o assunto e, em última instância para sua desvantagem, a psicanálise como profissão nos Estados Unidos foi marcada desde o início pela insistência de que um candidato deveria trazer para um instituto de formação psicanalítica credenciais e experiência como médico, incluindo uma especialização em psiquiatria. Não foi assim na Europa. Talvez isso tenha algo a ver com o fato de que os três visitantes europeus que trouxeram a psicanálise para os Estados Unidos (Sigmund Freud, Carl Gustav Jung e Sandor Ferenczi) eram todos médicos. Nos Estados Unidos, os candidatos leigos foram eventualmente admitidos apenas nos

a associação entre psicoterapia e medicina continuou e foi reforçada nos Estados Unidos, mesmo sendo disputada na Europa, onde as leis de vários países ainda restringem a prática da psicoterapia a psicólogos e psiquiatras licenciados.

Para complementar essa breve introdução histórica, por favor, lembre-se de que enquanto a psicanálise ganhava destaque nos Estados Unidos, o comportamentalismo também. Aqui, eram conhecidas, respectivamente, como a primeira e a segunda "forças" da psicologia. A partir da década de 1960, no entanto, ambos perderam a proeminência

---

institutos de formação psicanalítica, geralmente como "colaboradores de pesquisa" e, em seguida, apenas desde que assinassem um termo de renúncia prometendo nunca praticar como psicanalistas. As coisas mudaram à medida que os institutos psicanalíticos leigos se formaram e menos psiquiatras procuraram a formação psicanalítica. Para parecer tão rigorosos quanto os institutos psiquiátricos, no entanto, os institutos analíticos leigos enfatizavam a psicanálise ortodoxa, embora também tenham treinado candidatos no que passou a ser conhecido como psicoterapia psicanalítica. No final do século XX, quando a psicanálise entrou em declínio nos Estados Unidos, o número de "profissionais de saúde mental" se multiplicou, a maioria deles advindos das fileiras de assistentes sociais. A maioria dos candidatos em institutos leigos ainda vêm desse contexto. O resultado de tudo isso é que o psicanalista se tornou o modelo do psicoterapeuta no seu melhor. Isso ainda está vivo na memória daqueles de nós, nascidos logo após a Segunda Guerra Mundial, mas agora está na maior parte além do conhecimento e da apreciação das gerações atuais de psiquiatras e estudantes de psicologia geral em programas universitários de psicologia clínica. Quanto ao "campo" a ser ocupado pelo psicoterapeuta no seu melhor, o comentário de Sigmund Freud em uma carta a Oskar Pfister sobre o destino da psicanálise é relevante. Nela, ele se refere a "um campo (*Stand*) que ainda não existe, um campo de curadores seculares de almas (*weltlichen Seelsorgern*) que não precisam ser médicos e não devem ser padres". Heinrich Meng e Ernest L. Sigmund Freud (eds.), *Psychoanalysis and Faith. The Letters of Sigmund Freud and Oskar Pfister*, New York: Basic Books, 1963, p. 126 (tradução modificada). Cf. também Bruno Bettelheim, *Sigmund Freud and Man's Soul*, New York: Vintage Books, 1983. Eu diria que este é o campo emergente ocupado pelo "psicoterapeuta genuíno" ou terapeuta.

para a utilização generalizada da farmacoterapia, que, por sua vez, dependeu do notável aumento da autoridade da profissão psiquiátrica na sociedade. Formas de aconselhamento comportamental pendiam como adjuntos à farmacoterapia, principalmente por causa de sua eficácia de custo (algumas sessões eram autorizadas por terceiros pagadores, principalmente para visitas pós-alta de ex-pacientes hospitalares, que eram, para a maioria, os mais dedicados ao cumprimento do tratamento medicamentoso) e por causa do período relativamente curto de treinamento (cerca de seis semanas, em média) necessário para preparar um psiquiatra para empregar uma forma de tal aconselhamento.

Atualmente, com um olhar melancólico para o passado da psicologia humanista (denominada por Abraham Maslow como a "Terceira Força" na psicologia, que floresceu brevemente durante a segunda metade do século XX) e em resposta aos relatos dos potenciais danos a pacientes (especialmente crianças) do uso prolongado de medicamentos psicotrópicos e do reconhecimento da limitada eficácia do aconselhamento cognitivo-comportamental, ocorreu a muitos que pode haver algo de valioso no que Sigmund Freud originalmente chamou de "a cura pela fala" – se for bem realizada. Isso se manifesta como interesse pela psicologia fenomenológico-existencial, que ainda precisa ser bem compreendida e amplamente aplicada.

Como veremos, o psicoterapeuta, como descendente dos *Therapeutae*, não é representado pelos psicanalistas do nosso tempo, especialmente nos Estados Unidos. Ávidos por preservar a identidade do médico-psicanalista, os psicanalistas contemporâneos perderam a coragem inovadora do fundador da psicanálise e da primeira geração de psicanalistas (por exemplo, Sandor Ferenczi, Georg Groddeck, Melanie Klein e Wilhelm Reich). Houve, é claro, exceções a esta generalização: Frieda Fromm-Reichmann, Harry Stack Sullivan, Wilfred Bion, Jacques Lacan, Masud Khan – e Ronald David Laing.

Argumentarei (na parte II) que, depois de Sigmund Freud, a tradição dos *Therapeutae* foi retomada quase exclusivamente por Ronald David Laing. Após um período de perda de interesse em seu trabalho, uma postura baseada em seu trabalho – no sentido mais amplo conhecido como análise fenomenológico-existencial – surgiu. Ela retoma de onde os primeiros psicanalistas e ele pararam. No trabalho de Ronald David Laing encontramos um exemplo do que pode ser um encontro efetivo ou genuíno entre o terapeuta e o terapeutizando[15].

Assim, há um interesse renovado pela psicoterapia, mas tal como a prática foi originalmente compreendida. Precisamos de um certo tipo de "curandeiro", além do médico, mas perdemos de vista quem e o que é o terapeuta. A psicoterapia genuína, como descrita aqui, não assumiria a forma de uma psicanálise clássica. O tipo de conversa que é psicoterapêutica também é diferente das exortações

[15] A abordagem tem sido variadamente denominada de análise existencial, psicoterapia fenomenológica-existencial e Daseinsanalyse (Ludwig Binswanger, Medard Boss). O termo próprio de Ronald David Laing para sua abordagem era "fenomenologia social" (Ronald David Laing, 1967). É estranho que não tenhamos uma palavra para aquele que deve ser tratado psicoterapeuticamente. Os termos paciente (sugerindo a relação com um médico em que se assume um papel passivo), cliente (sugerindo a relação com um conselheiro em que se assume a posição de quem não sabe) e analisando (o neologismo cunhado por Oskar Pfister para alguém submetido à psicanálise) são inadequados. Neil Middleton usou a palavra "terapeutizando" (*"therapand"*), o que me parece muito bom. Bob Mullan (org.), *Ronald David Laing. Creative Destroyer*, Londres: Cassell, 1997, p. 22, e eu o adotamos aqui. O próprio Ronald David Laing referiu-se aos *Therapeutae* em um seminário que deu em 1985. Cf. Schneider (2000), p. 597.

impetuosas e advertências de conselheiros de TCC ou *coaches* de vida que ordenam aos clientes que "pensem diferente" sobre seus pensamentos. Essas intervenções têm efeitos que duram pouco mais do que algumas semanas de doses de medicamentos "ansiolíticos", "antidepressivos" ou "antipsicóticos". À medida que uma nova geração pega o vento dela, a análise fenomenológico-existencial (representada pela prática de Ronald David Laing) será gradualmente reconhecida como paradigmática da "terapia da palavra" que é mais parecida com a praticada pelos *Therapeutae*.

I

Antes de olharmos mais de perto a contribuição de Ronald David Laing para a discussão sobre o que é um "psicoterapeuta genuíno", devemos perguntar: O que é psicoterapia e o que realizá-la bem significa? Como se pratica a "psicoterapia efetiva", como Helmut Kaiser a chama em seu livro de mesmo nome? O que o terapeuta realmente faz, independentemente de como se explica teoricamente ou que nome se dá? O que torna a cura psico-*terapêutica*? E, mais uma vez, como o que o terapeuta faz difere das formas de prática de profissionais de saúde mental, assistentes sociais e conselheiros, por um lado, e médicos (especialmente psiquiatras), por outro?

Um monte de usos frouxos e críticas poderosas à própria noção de psicoterapia por indivíduos como Thomas Szasz exige que examinemos quem é o terapeuta e o que ele faz. Entender a origem da vocação pode servir para isso e, ao mesmo tempo, legitimar mais uma vez a psicoterapia tal como Sigmund Freud e Ronald David Laing a praticavam.

Uma das qualidades únicas do terapeuta é capturada pela expressão de Pedro Laín Entralgo (1958/1970) *curacion por la palabra* (cura pela palavra).[16] O livro de Pedro Laín Entralgo é uma história da ideia do psicólogo e da arte do que seria mais precisamente chamado de logoterapia – literalmente, a terapia da palavra[17]. Treinado como médico e psiquiatra, Pedro Laín Entralgo identificou o ponto em que a prática médica na tradição hipocrática da *ars muta* foi complementada por outra arte de cura, primeiramente esboçada por Platão e Aristóteles, que Pedro Laín Entralgo chamou de "psicoterapia verbal" e descreveu como a "utilização da *physis* própria da palavra humana ou da *physiologia* do *logos*".[18] Assim como a prática médica hipocrática, o trabalho

---

[16] Pedro Laín Entralgo, *The Therapy of the Word in Classic Antiquity*. Veja também o trabalho posterior de Pedro Laín Entralgo, *Doctor and Patient*, que traça a natureza em mudança da relação médico-paciente no Ocidente.

[17] A escolha do termo "logoterapia" por Viktor Frankl para caracterizar sua forma de prática não passa despercebida aqui. Seu neologismo pretendia diferenciar o que ele fazia da psicanálise e da psicologia individual de Alfred Adler: "Quero explicar por que tomei o termo 'logoterapia' para designar minha teoria. O termo '*logos*' é uma palavra grega e significa 'sentido'! A logoterapia, ou, como tem sido chamada por alguns autores, "A Terceira Escola Vienense de Psicoterapia", concentra-se no sentido da existência humana, bem como na busca da pessoa por esse sentido. Para a logoterapia, a busca de sentido na vida da pessoa é a principal força motivadora no ser humano (Frankl, 2019, p. 124). O título original de seu livro, publicado em 1946, era *Ein Psycholog erlebt das Konzentrationslager*, que foi apenas parcialmente refletido no título original da tradução para o inglês (1959), *From Death-Camp to Existentialism* [*Do Campo de Concentração ao Existencialismo*]. Frankl enfatiza um significado da palavra grega *logos*. O sentido primário de *logos* é "palavra". Com Heráclito, o *logos* começou sua vida como um dos conceitos fundadores da filosofia grega, cuja importância foi enfatizada em uma meditação de décadas sobre o conceito por Martin Heidegger.

[18] Citações de *The Therapy of the Word* que se seguem são da "Conclusão" do livro (pp. 240-45).

dos *Therapeutae* tinha o objetivo de ver o lote dos outros melhorado, mas com essa diferença.

Os *Therapeutae* não faziam uso de intervenções físicas como cirurgia (mais cedo conhecida como *chirurgia* ou o que poderíamos chamar de implantação da mão curativa), medicamentos e formas do que hoje chamamos de "terapia física" (exercício, massagem), pois dependia apenas do poder das palavras. Tais curandeiros faziam uso de "oração, do encanto mágico e do discurso sugestivo ou animador" – todos falados. A "psicoterapia verbal" dos *Therapeutae*, escreveu Pedro Laín Entralgo, produzia "na alma [do outro a virtude] *sophrosyne*, uma bela, harmoniosa e legítima ordenação de todos os ingredientes da vida psíquica: crenças, sentimentos, impulsos, conhecimento, pensamentos e julgamentos de valor". A "palavra persuasiva" (aqui, Pedro Laín Entralgo refere-se ao que tem sido chamado de primeiro trabalho da psicologia, a *Retórica* de Aristóteles, o tema do qual é a persuasão) produz uma certa situação, um *ethos* e uma atmosfera que traz uma "reorganização (*catharsis*)" da alma[19]. Discurso "apto" ou "a palavra psicagógica", disse Pedro Laín Entralgo, "cria [no ouvinte] uma nova ordem, mais 'natural' e adequada do que a existente antes do discurso" e "corrige a desordem (*ametria*) da qual a constituição da vida psíquica podia estar sofrendo". Esta é a "psicoterapia verbal que os *médicos gregos não foram sábios o suficiente para assumir e tornar própria*."

Aqui, embora algo aconteça com o Outro, nada é *feito* ao Outro pelo terapeuta. A fala do "terapeuta falante" não é intervencionista como os atos do médico e do cirurgião

---

[19] Este é o sentido platônico da catarse. Só um pouco mais tarde, com Aristóteles, foi entendido como o efeito da tragédia sobre o espectador.

são. É a palavra, tal como falada e ouvida de uma certa forma, que é terapêutica. A arte do terapeuta consiste em falar de uma certa forma e efetivar um certo tipo de escuta no outro. Tal fala tem características verbais (linguísticas), vocais e gestuais que podem ser identificadas. Qualidades da personalidade do terapeuta também podem ser descritas[20].

Lembramos que tanto o médico quanto o terapeuta da palavra pertenciam à tradição do curandeiro, um de um trio de encarnações unificados na figura extraordinária do xamã original, que é professor, curandeiro e juiz (ou árbitro), tudo em um[21].[22] A noção de fisiologista ou médico doutor (literalmente, professor) combina características dessas duas primeiras funções. Alguns argumentam que os psiquiatras se apropriam de características do terceiro papel, especialmente dada a sua estreita associação com os tribunais. Dizem que os fisiologistas curam o corpo, mas, claro, não fazem nada disso. Seu trabalho é marcado por interromper (com o consentimento do paciente Outro) a gestão cotidiana do corpo do Outro suavemente, mas com força. Os praticantes da *ars muta* manipulam e gerenciam as rotinas internas fisiológicas e externas ambientais do corpo de um ser humano. Suas intervenções são guiadas por sinais de patologia (visíveis, audíveis, palpáveis e outras indicações que os sentidos do médico podem apreender, muitas vezes com a ajuda de instrumentos). Com o advento de equipamentos e procedimentos diagnósticos altamente sofisticados – especialmente

---

[20] Cf. o meu *After Psychotherapy: Therapeutic Phenomenology and the Return of the Therapeut.*

[21] Eliade, *O Xamanismo e as Técnicas Arcaicas do Êxtase.*

[22] Sigmund Freud se referiu a ensino, cura e liderança como as "três profissões impossíveis", no "Prefácio a Juventude Desorientada, de Aichhorn".

os do campo da medicina nuclear, como tomografia computadorizada e ressonância magnética (RM), incluindo estudos do corpo em funcionamento (FMRI) – e centenas de análises de sangue, saliva, urina e outros fluidos corporais, a antiga arte do diagnóstico macroscópico foi substituída por avaliações tecnologicamente sofisticadas do processo da doença. Os verdadeiros diagnosticadores agora são os radiologistas e técnicos de laboratório – ou, mais precisamente, os equipamentos que utilizam. No final, é claro, o médico deve encontrar seu paciente, assumir a responsabilidade pelos achados dos exames e interpretar os dados fornecidos, a fim de formar uma opinião sobre a etiologia do processo da doença, seu prognóstico e quaisquer tratamentos ideais. Neste papel, os médicos abordam os sintomas do paciente, que se referem a relatos de experiência subjetiva (desconforto, mal-estar, dor e outras percepções perturbadoras dos estados internos). Eles devem dizer algumas palavras ao paciente, mas estas são limitadas o máximo possível a breves relatos de "achados" – e ordens.

O fisiologista sempre intervém de alguma forma. Às vezes, chega à conclusão de que alguma "desordem funcional" inexplicável está se manifestando e atribui a elas as misérias relatadas pelo paciente. Agora ele deve dizer um pouco mais, e esta é a parte mais difícil de ser um médico. Uma vez que os mecanismos da maioria das doenças ainda são apenas parcialmente compreendidos, o médico opta pelo provável melhor curso de tratamento, baseado não apenas em sua própria experiência com "casos" semelhantes da doença (ou o conjunto de sinais) que tal processo doentio produz, mas também na sabedoria clínica coletiva de inúmeros outros médicos, cujo trabalho ele conhece.

Pode haver vários cursos de tratamento para escolher, dos quais o menos potencialmente prejudicial é sempre escolhido primeiro. Informado pelo princípio da espera atenta e guiado pela admoestação hipocrática básica *primum non nocere* (em primeiro lugar para não fazer mal), a maneira do fisiologista de tratar o Outro é muitas vezes deixar seu corpo sozinho por um tempo, para permitir que ele se restaure à homeostase e ao funcionamento ideal. Enquanto isso, ele pode fornecer cuidados paliativos moderando os sintomas com o uso criterioso de certos medicamentos, a maioria dos quais trabalha contra processos corporais, como seus nomes sugerem - analgésico, anti-histamínico, anti-inflamatório, antipirético. Enquanto o fisiologista espera e observa, a percepção do paciente sobre a dor pode reduzir. O sono é frequentemente induzido quimicamente para permitir que o processo da doença siga seu curso inevitável e muitas vezes tedioso à medida que o corpo se cura. Postada nos corredores de antigos hospitais gerais, havia a foto de uma enfermeira com o dedo posicionado contra os lábios, com a legenda "Silêncio, por favor! O sono cura" – não o médico, podemos acrescentar.

Com pouca compreensão do que está realmente acontecendo, mesmo em nosso tempo de rápido crescimento do conhecimento, o tratamento médico, então, permanece baseado em dois tipos de estratégias: esperar ou agir, não fazer ou fazer. Quando há uma tradição confiável de tratamento de uma doença, agir pode implicar poucos riscos, mas todas as intervenções têm efeitos colaterais potencialmente adversos. Mesmo recomendando para um paciente fazer mudanças no estilo de vida, pode-se instigar novos distúrbios da homeostase sutil do corpo. Por exemplo, um paciente que fez cirurgia de reposição de quadril pode ser aconselhado a "pegar leve" e acabar morrendo dos efeitos de um coágulo sanguíneo que se formou devido à inatividade e que se mudou para o pulmão ou coração.

O médico, o único que tem acesso à *pharmacopoeia*, é homenageado por aliviar um pouco o sofrimento inevitável do corpo doente e curativo. Dado os efeitos sedativos e eufóricos de muitos dos medicamentos que ele introduz no corpo do paciente, os médicos possibilitam que se forme o compreensível equívoco de que é o médico que torna a pessoa melhor, quando na verdade ele só ajuda o paciente a se sentir menos doente, o que pode ser interpretado como se sentindo melhor, especialmente quando o paciente está com dor. É, portanto, apenas uma forma de falar que o médico é um curandeiro[23].

O médico também é forçado a desistir da *ars muta* fornecendo garantias, o tempo todo monitorando o processo de cura ou morte. Aqui, ele pode se confundir facilmente com o terapeuta. Esta é uma estratégia que prontamente joga com a sugestionabilidade dos seres humanos. Aqueles de nós que cresceram até a década de 1950, lembram-se do simpático clínico geral que nos confortava com sua calma confiança de que "Isso também passará". Enquanto outros recuavam horrorizados com o possível contágio, ele se aproximava de nós e tocava nossos corpos doentes. Sua falta de medo do processo da doença ajudava a dissipar nosso medo de nossa doença e nossos corpos. O fardo do cuidado com o corpo de alguém enquanto a cura ocorria, parecia ser transferido para o médico. A estranheza temporária de nossos corpos doentes era desmistificada.

Em suma, além de garantias e algumas concisas ordens parentais, a arte do médico é silenciosa. Os melhores médicos escutam muito, olham atentamente e rabiscam breves diretrizes

---

[23] Havia narcóticos e estimulantes para administrar (e não muito mais) até a descoberta de esteroides, antibióticos e drogas psicotrópicas.

ou prescrições. Palavras suavemente calmantes são mantidas ao mínimo e são efetivamente incidentais para o *ars muta*.

Ao contrário do médico, o terapeuta da palavra *realiza* a cura. O corpo se cura, mas a alma pode ser completa por outra[24]. A tradição do terapeuta é tão antiga quanto a do médico. Escrevendo no primeiro século d.C., Philo de Alexandria descreveu os *Therapeutae* como uma seita que praticava "uma arte da medicina" que era "superior àquela que vem sendo exercida em nossas cidades – uma medicina que apenas cuida do corpo, enquanto a outra também *cuida do psiquismo (*psykas*), atormentada por essas doenças penosas e difíceis de curar que são o apego ao prazer, a desorientação do desejo, a tristeza, as fobias, as invejas, a ignorância, o não conformar-se ao que é e uma infinidade de outras patologias (*pathon*) e sofrimentos*"[25].

O que tornava sua arte facilmente confundida com a do médico é que eles curavam a alma *e* o corpo como uma unidade com as palavras que proferiam, enquanto o médico tratava apenas o corpo como, de alguma forma, despojado de sua alma[26].

---

[24] A etimologia da palavra "sanar" e seu cognato "saudável" é fascinante. O sentido básico é totalidade, solidez e integridade. Funcionalmente um todo, o corpo é suscetível a ser dividido em sistemas, órgãos e assim por diante. Assim também é a unidade da alma. Lembramos que a arte do *Terapeuta* (como descrita por Pedro Laín Entralgo) produz "uma ordem bela, harmoniosa e legítima de todos os ingredientes da vida psíquica". Um "eu dividido" é restaurado à sua unidade. A virtude *sophrosyne* encontrada na alma e a integridade estrutural e funcional do corpo são análogas. Há um sentido adicional da alma tão ordenada como espiritualmente sã, isto é, em harmonia com o numinoso. O primeiro tradutor da Bíblia para o inglês, John Wycliffe, traduziu a Trindade como "Pai, Filho e Espírito Saudável".

[25] Fílon de Alexandria, *Os Terapeutas*.

[26] Os *Therapeutae* reconheciam uma unidade dual de corpo e alma (soma e psique) no que hoje chamaríamos de pessoa ou eu. Isso não se baseava

E então, presumivelmente, os *Therapeutae* – como um grupo distinto – desapareceram. A questão que agora surge é sobre a lacuna de dois milênios entre os primeiros praticantes da "cura das almas" e "a terapia da palavra" e sua redescoberta e renascimento por Sigmund Freud nos últimos anos do século XIX.

II

O que aconteceu com "a cura das almas" descrita por Philo de Alexandria? Aqui, só se pode especular, mas a explicação parece ser que, dentro do cristianismo, o padre, quase ou certamente, substituiu o terapeuta. Em sua história do século III da igreja cristã, Eusébio de Cesareia sugere que os *Therapeutae* eram o modelo dos (se não, de fato) os primeiros monges cristãos[27]. Quem quer que fossem (uma seita judaica ou um dentre os primeiros grupos cristãos ascéticos, cujas vidas eram dedicadas a Deus), sua habilidade como curandeiros os tornava únicos entre ambos os grupos religiosos. Podemos entender Jesus como uma figura transitória, não apenas entre o judaísmo e o cristianismo, mas também entre o médico e o terapeuta, de um lado, e o padre, do outro.

Histórias de atos de cura realizados por Jesus são tão conhecidas que não precisam ser repetidas aqui. Mas que tipo de curandeiro ele era? Sem ser treinado como médico,

---

em uma divisão cartesiana entre corpo e mente como dois tipos de substância que, encontrados separados no ser humano inicialmente dividido, exigiam alguns meios para serem colocados em relação um com o outro. Seguindo a tradição de Platão e Aristóteles, os *Therapeutae* viam o corpo e a alma como compreendendo uma unidade original que, no entanto, poderia ser apreciada a partir da perspectiva de suas manifestações somáticas e psíquicas, respectivamente.

[27] Eusébio de Cesareia. *História eclesiástica*.

Jesus, no entanto, curou os corpos e almas daqueles que eram objeto de seu toque e palavra. Nisso, ele prefigurou os *Therapeutae*. Ele não teria entendido o corpo como se curando, como fazemos agora, mas tal como os primeiros médicos viram suas intervenções (divinamente habilitadas) como restaurando ativamente a saúde e a totalidade para os doentes, mutilados e angustiados. Os relatos de seu expulsar "espíritos malignos" são os mais pertinentes à nossa discussão, uma vez que nos lembram da habilidade especial dos *Therapeutae* em tratar a alma incorporada. A prática de Jesus variava da deles, porém, porquanto não só falava, mas também "colocava as mãos" para curar aqueles a quem ele ministrava. Essas realizações são contadas dentre seus milagres[28].

A Bíblia fala do alcance de seus poderes curativos: "Chamou os doze discípulos e deu-lhes *autoridade* de expulsar os espíritos impuros e de curar toda sorte de males e enfermidades" (Mateus 10:1, ênfase minha). Também aprendemos que ele passou tais poderes para seus discípulos, que por sua vez disseminaram os poderes, ou *charisma*, o que se tornou o sacerdócio.

Ao longo da história do cristianismo, que equivale ao período da ausência dos *Therapeutae*, alguns crentes ganharam reconhecimento justamente por terem demonstrado o poder da cura. Entre eles estão alguns santos numerados[29]. Quanto ao resto do sacerdócio romano primitivo, à medida que crescia em número e chegava à Idade Média, a única prática remanescente de Jesus de tratar "espíritos impuros"

---

[28] Para exemplos da cura da alma por Jesus, ver Mateus 7:31-37, 17:14-21; Marcos 1:23-28, 9:13-28; Lucas 4:33-37; 9:37-43.

[29] Porterfield, *Healing in the History of Christianity*. A capacidade de cura era comum entre os santos cristãos e era muitas vezes um critério para que fossem elevados à santidade.

parece ser o ritual do exorcismo. Para ser justo, deve-se também reconhecer as reivindicações dos adeptos contemporâneos e dos "curandeiros espirituais", que nos dizem que eles também herdaram a habilidade de curar corpos e almas doentes com palavras e a colocação das mãos. Reuniões de reavivamento fundamentalista, nos Estados Unidos, ainda incluem intervenções dramáticas destinadas a curar "os doentes". Também não devemos esquecer o lugar dos curandeiros na tradição mística judaica que se desenvolveu durante o mesmo período.

Enquanto os *Therapeutae* tenham desaparecido como um grupo e suas práticas tenham sido adotadas por certos grupos de padres, pastores e rabinos, médicos da tradição de Galen continuaram a praticar a *ars muta*. No final do século XIX, no entanto, um dos seus fez um reaparecimento surpreendente na forma do neurologista e psiquiatra vienense – e terapeuta – Sigmund Freud. É interessante especular: Por que apenas então e por que com apenas este homem?

Embora a discussão completa do tema deva permanecer para outro momento, algumas conjecturas podem ser feitas, mesmo que apenas sob a forma de perguntas. Sigmund Freud foi profundamente influenciado pela tradição mística judaica, que incluía uma tradição de cura[30][31]? Será que o declínio da era cristã, anunciado mais poderosamente por Friedrich Nietzsche no final do século XIX (e com ele a diminuição do poder do padre ou pastor para trazer com-

---

[30] Bakan, *Sigmund Freud and the Jewish Mystical Tradition*.

[31] Neste caso, haveria uma linha de descendência de certos elementos das artes de cura dos *Therapeutae*, que eram uma seita judaica, para a experiência do judaísmo esotérico do século 19 de Sigmund Freud. Cf. Scholem, *On the Kaballah and Its Symbolism*; Blumenthal, *Understanding Jewish Mysticism*.

preensão e consolo para aqueles que sofrem de doenças da alma), requer um novo tipo de postura que não era nem sacerdotal (pastoral) nem médica? Será que o materialismo da era industrial e a hegemonia da tecnologia exigiram uma reorientação à vida que levou em consideração a dimensão irracional da experiência (vida mental inconsciente), especialmente como fonte de experiências e comportamentos incomuns que passaram a ser conhecidos como indícios de psicopatologia[32]?

Quaisquer outras influências que possam ter estado operando na vida de Sigmund Freud e na cultura circundante, o *ethos* da psiquiatria teve um papel importante nelas. Aqui, não precisamos especular. A psiquiatria (como Sigmund Freud a experimentou e aprendeu em Viena, Paris e em outros lugares) surgiu no final do século XVIII. Seus primeiros profissionais foram médicos trabalhando em hospitais e o que veio a ser conhecido como asilos para os insanos[33]. O primeiro psiquiatra (no sentido moderno) é geralmente considerado Philippe Pinel (1745-1826), que é creditado por ter libertado os insanos de sua prisão ao lado de criminosos, nas prisões de Paris. Trabalhando no Hospício de la Salpêtrière, em Paris, na verdade, ele

---

[32] Deve-se acrescentar, no entanto, que com o advento da ciência, a Revolução Industrial, o aumento do materialismo e a diminuição da crença religiosa, veio a rejeição do poder ou carisma da cura como sendo "sobrenatural". Agradeço a Courtenay Young por colocar em primeiro plano esta conexão (Comunicação Pessoal).

[33] A versão mais antiga do que é hoje o Manual Diagnóstico e Estatístico de Transtornos Mentais (5ª Ed.) da Associação Americana de Psiquiatria (APA, 2013) era um manual para diretores de manicômios ou manicômios lunáticos (*Manual Estatístico para o Uso de Instituições para Loucos*, publicado, em 1918, em Nova York pelo Comitê Nacional de Higiene Mental da Associação Americana de Psiquiatria). Os diretores de tais instituições não eram nem médicos nem terapeutas, mas empresários.

criou uma nova categoria de ser humano: a pessoa mentalmente doente[34].

Embora esse grupo possa ter recebido asilo da população em geral (a quem eles assustaram), os "insanos" libertados foram imediatamente capturados em uma rede de conversas sobre uma variedade de "novas" doenças que eram diferentes de qualquer coisa que os médicos haviam tratado até então. Durante o século XX, os papéis do psiquiatra, médico e psicoterapeuta tornaram-se cada vez mais emaranhados e confundidos entre si. O *scenario* médico e sua *dramatis personae* (médico como agente e paciente como outro) foram levados pelos primeiros terapeutas modernos para a situação psicanalítica, onde os papéis do psicanalista (como agente) e analisando (como paciente) foram bem definidos e desempenhados: o analisando como confessor e o analista como uma tela em branco para as projeções do primeiro. A situação psicoterapêutica estabelecida nesses termos permanece praticamente a mesma, hoje – com uma ou duas exceções crucialmente importantes, das quais, a mais importante (na minha opinião) foi Ronald David Laing.

Henri Ellenberger[35] propôs que os verdadeiros precursores da psicanálise sejam encontrados no mesmerismo (Franz Mesmer, 1734-1815) e no hipnotismo (James Braid, 1795-1860). Como estudante dos médicos franceses Hippolyte Bernheim, Ambroise-Auguste Liébeault e Jean-Martin Charcot na década de 1880, Sigmund Freud testemunhou várias técnicas baseadas em sugestão e hipnotismo. Ele as adotou brevemente em seu tratamento de histeria, mas também rapidamente abandonou esses métodos, que incluíam aplicar pressão na testa do paciente (aparentemente uma forma de

[34] Foucault, *História da Loucura*; Szasz, *O Mito da Doença Mental*.

[35] Ellenberger, *The Discovery of the Unconscious*.

"colocar as mãos") ou induzir um transe hipnótico. Uma vez que essas técnicas foram abandonadas, a "arte" de Sigmund Freud veio à vida como sendo aparentemente original - a menos que a vejamos como notavelmente semelhante à dos antigos *Therapeutae*.

Mesmo com a maciça literatura sobre a história e o desenvolvimento da psicanálise, começando pelo artigo do próprio Sigmund Freud sobre o tema[36], é difícil entender por que a prática antiga, com a qual se assemelha tanto, foi retomada. Quaisquer que sejam suas conexões (se houver) com a tradição mística judaica (que começou no início da Idade Média, mais ou menos na mesma época em que o catolicismo foi formalizado pelo trabalho de Tomás de Aquino), certamente não saiu do temperamento médico de Sigmund Freud, que era (por sua própria admissão) bastante modesto[37]. Ele só nos diz que, por ser desestimulado pelas "proibições monótonas e forçadas usadas no tratamento por sugestão"[38], ele concebeu ou adaptou algo bem diferente das práticas relacionadas às técnicas tanto de sugestão quanto da *ars muta*.

Em 1907, Sigmund Freud se referia a um "procedimento (*Verfahren*)" usado por um médico no romance

[36] Sigmund Freud, em *A História do Movimento Psicanalítico*, observa que a forma de terapia (*Therapie*) de seu colega, Josef Breuer, era a catarse (*Katharsis*) ou o "método catártico (*kathartische Behandlung*)" provocado durante a hipnose. Embora, para Josef Breuer, a técnica e o resultado terapêutico fossem distintos, é de se pensar se a técnica em si (hipnotismo) era em si mesma terapêutica. De toda forma, é uma grande distância da intervenção baseada no poder do hipnotizador para a terapia da palavra.

[37] Em "*A História do Movimento Psicanalítico*, Sigmund Freud escreveu: "quanto a mim, apenas assumira a contragosto a profissão médica, mas tinha naquela época [na década de 1880] um forte motivo para ajudar as pessoas que sofriam de afecções nervosas ou pelo menos para desejar compreender algo sobre o estado delas" (p. 6).

[38] Sigmund Freud, *A História do Movimento Psicanalítico*", p. 6.

Gradiva, de Wilhelm Jensen[39], de que mostrava "mais do que uma grande semelhança, uma total conformidade em sua essência com o método terapêutico (*therapeutischen Methode*) que o Dr. Josef Breuer e eu introduzimos na medicina (*Medizin*) em 1895, a que, inicialmente, Josef Breuer chamou de 'catártico' (*kathartische*), mas que prefiro denominar de 'psicanalítico' (*analytische*)"[40].

A referência parece sugerir que algo pairava "no ar" na época que tanto Wilhelm Jensen (1837-1911) quanto Sigmund Freud (1956-1939) perceberam. O que é terapêutico, tanto para o terapeuta fictício quanto para o psicanalista, é "tornar consciente o que foi reprimido e fazer coincidir o esclarecimento [*Aufklärung*] e a cura [*Heilung*]"[41]. Aqui, Sigmund Freud não nos conta de sua procedência, mas apenas fornece uma descrição de como funciona a psicanálise, atribuindo o efeito terapêutico de seu método a fornecer ao paciente esclarecimento [*Aufklärung*], mesmo termo que ele usa para denotar o que é fornecido quando um sonho está sendo interpretado. Seguindo a lenta produção de material para análise pela observância à regra fundamental da psicanálise – associação livre – são então feitas interpretações, criteriosamente. Elas se tornam a marca registrada do método psicanalítico, incluindo a maioria das formas de psicoterapia psicanalítica. Mas, claramente, algo além de prestar esclarecimentos ou explicações está acontecendo e

---

[39] Sigmund Freud, *Delírios e Sonhos na Gradiva de Wilhelm Jensen*. No romance, uma mulher (Zoe Bertgang) é a terapeuta (*Therapeutin*). Como observado, Sigmund Freud contrastou o método "catártico" de Josef Breuer com seu próprio método "analítico". Ele, no entanto, não usa a palavra "psicanalítico" nesse contexto.

[40] Idem, p. 50.

[41] Idem, p. 51.

é precisamente isso que é terapêutico. Isto é o que marca o renascimento da arte dos *Therapeutae*.

A segunda parte desta discussão descreverá, provisoriamente, o que é terapêutico na terapia pela palavra. Lá, veremos que quando foi praticada pela primeira vez por Sigmund Freud, e depois por vários dos primeiros psicanalistas (e o psiquiatra ocasional, *malgré lui*) que o seguiram, a capacidade para essa forma de cura como terapeuta não parece ser nem o resultado de um certo regime de estudo (por exemplo, um curso de leituras e seminários), ou uma rotina prescrita de "treinamento" que se destina a proporcionar um certo tipo de experiência (por exemplo, um número prescrito de horas conduzindo psicanálise, uma psicanálise didática ou de formação e "supervisão").

Qual é, então, sua fonte?

6. O retorno do terapeuta: Ronald David Laing e o psicoterapeuta genuíno (parte II)

Na primeira parte desta discussão, tracei a história do que chamo de Terapeuta (um praticante do que Pedro Laín Entralgo chamou de "a terapia da palavra") para uma antiga seita judaico-cristã, os *Therapeutae*. Descrevi como sua prática de "cura de almas" (como Oskar Pfister descreveu a psicanálise) diferia da *ars muta* (arte silenciosa) do médico. Finalmente, apontei para o seu ressurgimento (talvez previsivelmente), no final do século XIX, no método da psicanálise desenvolvido por Sigmund Freud e sua renovação na década de 1960 no trabalho do psiquiatra escocês Ronald David Laing. Nesta parte, examinarei de perto a prática de Ronald David Laing e a perspectiva de seu desenvolvimento futuro como uma forma de análise fenomenológica existencial inspirada por ele. Isto envolverá tentar articular exatamente o que é *terapêutico* na "terapia da palavra".

Para tentar determinar a fonte do que é mais precisamente terapêutico na "terapia da palavra", usarei o exemplo de um psicoterapeuta pós-psicanalítico na tradição dos *Therapeutae*, Ronald David Laing (1927-1989)[1]. Vou sugerir que

[1] Tive a sorte de observar Ronald David Laing pessoalmente uma vez, embora (infelizmente) à distância. Ao contrário da maioria dos psicoterapeutas, ele estava disposto a ser visto no trabalho. Os registros

havia algo na postura de Ronald David Laing que remete via Sigmund Freud para os *Therapeutae* e aponta para uma nova geração de terapeutas fenomenológico-existenciais. Existem vários outros candidatos potenciais, como Harry Stack Sullivan, Jacques Lacan e M. Masud R. Khan, que eram todos conhecidos por sua habilidade excepcional como terapeutas. Eu escolho Ronald David Laing por causa de sua personalidade notável, mas também porque há amostras disponíveis de sua condução da psicoterapia[2].

Minha memória de Ronald David Laing, pessoalmente, é dominada por uma imagem da maneira como ele respondia aos indivíduos com quem falava durante uma sessão de perguntas e respostas após sua apresentação formal em um local bastante grande[3]. Quando lhe foi feita uma pergunta, e antes de a responder, levantou-se da cadeira e colocou-se diretamente à frente da pessoa a quem estava a responder. Isso significava

---

de Ronald David Laing envolvidos em psicoterapia são excepcionalmente ricos. Eles incluem episódios no documentário de sua vida, *Did You Used to Be R.D. Laing?*. Para outros registros da prática de Ronald David Laing, ver *Existential Psychotherapy*; *Eros, Love, and Lies* e *Approaches*. Em *Existential Therapy*, Laing senta-se em frente a uma mulher sem-teto. Cf. Clark, "What Was Therapeutic about That?", que contém uma transcrição da sessão. Amantea, *The Lourdes of Arizona*, inclui uma entrevista com Ronald David Laing sobre sua sessão com a mulher.

2 Em um lugar, sobre a origem do terapeuta, Ronald David Laing teria dito: "Os curandeiros nascem para serem curandeiros, ou são iniciados por outros curandeiros". Bob Mullan, *Creative Destroyer*, p. 342, conforme relatado por Andrew Feldmar numa conversa com Ronald David Laing em 1974. Ronald David Laing frequentemente se referia a si mesmo como um "fenomenólogo social" influenciado acima de tudo pelas tradições existenciais e fenomenológicas. Ele queria ser lembrado como um intelectual europeu. Cf. Bob Mullan, *Mad to Be Normal* e *R.D. Laing: Creative Destroyer*, que inclui reminiscências e reflexões de sessenta colegas, amigos, estudiosos e pacientes.

3 Groth, *Laing's Presence*.

atravessar o palco para enfrentar o painelista (suas costas, agora, estavam para o público). Ronald David Laing também desceu ao auditório para encontrar seus vários interlocutores sentados lá. Eu nunca tinha visto ninguém se comportar assim numa conferência e nunca mais vi desde aquela noite. Eu poderia dizer "minha noite" porque, mesmo não tendo levantado uma questão, eu tinha a sensação de que ele estava lá somente para mim. Senti que essa era a impressão que ele também parecia ter provocado em muitos outros presentes.

Ronald David Laing não olhava nos olhos da pessoa que ele estava ouvindo ou a quem se dirigia. Ele olhava para baixo, seus olhos estreitos como se olhasse em um microscópio. Me parecia que ele estava orando na frente deles. Parece-me, agora, que sua presença era tão poderosa que se ele olhasse diretamente nos olhos da pessoa com quem ouvia ou falava, ele teria invadido o seu espaço pessoal. Por outro lado, sua proximidade física parecia fazer o que o olhar realiza à distância. Ronald David Laing era capaz de ser íntimo, sem invadir o Outro, e de estar perto sem dominá-lo. Eu também tinha a impressão de que ele estava guardando, até mesmo protegendo, cada indivíduo a quem ele estava ouvindo e respondendo.

Não consigo descrever a presença plena de Ronald David Laing. Só consigo dizer que ele estava inteiramente lá com cada indivíduo, embora houvesse muitos corpos e participantes nas proximidades. Ele focava e concentrava essa intimidade primeiro em uma pessoa, depois em outra, sem dar a impressão de que estava deixando para trás a pessoa com quem acabara de falar. Eu considero isso um exemplo de como Ronald David Laing interagia com pessoas que ele levou a sério[4].

---

[4] Para exemplos disso nos relatos dos amigos de Ronald David Laing, cf. Bob Mullan, *Creative Destroyer*.

Ele estava simplesmente agindo como faria em qualquer momento em que estivesse na presença de outro ser humano que importava para ele. E, de alguma forma, cada um por sua vez, *todos pareciam importar para ele.* Ronald David Laing parecia não estar nem um pouco interessado no grande grupo de pessoas que estavam atentas a cada uma de suas palavras. Eu chegaria ao ponto de dizer que ele não estava ciente da multidão. Parecia-me que ele estava "em casa" com cada um dos outros seres humanos, individualmente. Em suma, mesmo com uma audiência de várias centenas de pessoas, Ronald David Laing parecia estar "em particular" com cada pessoa lá. É o que ele chamou de "co-presença" terapêutica quando estava envolvido em psicoterapia individual[5].

Enquanto eu assistia a Ronald David Laing naquela época e, muito mais tarde, depois de tê-lo assistido em fitas de vídeo, tentava lembrar o que ele havia escrito sobre sua postura ou estilo terapêutico. No que se segue, tentarei, agora, caracterizar quem ele era e o que ele fazia que o torna – para mim – o exemplo do terapeuta, ou o praticante da "terapia da palavra". Vejo-o como representante tanto da postura dos *Therapeutae* do passado quanto da prática fenomenológico-existencial da psicoterapia no futuro.

I

Em sua autobiografia, que abrange o período de sua vida que antecedeu a publicação de seu primeiro livro, *O Eu Dividido*, Ronald David Laing começa relatando sua formação como psiquiatra e suas primeiras experiências com "pacientes" institucionalizados e severamente perturbados. Ele, então, escreve em termos gerais sobre como duas pessoas

---

[5] Shandel & Tougas, *Did You Used to be R.D. Laing?*

quaisquer se relacionam uma com a outra, mas o pano de fundo de suas reflexões continua sendo seu trabalho com pacientes crônicos. Ele escreve sobre a "presença":

> Essa presença do outro, tão imediata à nossa sensibilidade, escapa de ser fixada inteira objetivamente. Alguns momentos atrás, havia apenas um corpo fazendo alguns movimentos. *Agora, alguém está lá.* No momento em que, de repente, sentimos a presença imediata do outro, os movimentos expressam intenções e estamos de volta ao reino da conduta humana, por mais vestigial que seja. Nosso senso da presença do outro dota seus movimentos de significado. Esse movimento de reconhecimento do outro pode coincidir com a primeira vez que nos sentimos "olhados" pelo outro "vindo". Sentimos que o outro nos sente[6].

Tenho certeza de que as pessoas que conversaram com Ronald David Laing naquela noite, em Nova York, tiveram aquela experiência de serem "olhadas" em que sentiram Ronald David Laing as "sentindo". Eu vi isso em sessões gravadas de Ronald David Laing com outros indivíduos e li sobre isso nas reflexões de amigos e colegas, incluindo alguns que fizeram supervisão com ele no início de suas práticas. A reciprocidade do sentimento e o sentimento de reciprocidade eram marcas do estilo terapêutico de Ronald David Laing e, evidentemente, foram a base de seu sucesso com pacientes hospitalizados, mesmo que inicialmente "inacessíveis".

Ronald David Laing conclui sua autobiografia com uma referência a *O Eu Dividido*. Fica claro, pelo que ele diz, que, mesmo como um jovem psiquiatra, ele já havia encontrado uma maneira de trabalhar com pacientes que os isentava tanto

---

[6] Ronald David Laing, *Wisdom, Madness, and Folly*, p. 119, ênfase minha.

de seu diagnóstico clínico encerrado em si mesmo quanto do status potencialmente desanimador como seu psiquiatra. O terapeuta reconhece que existem hierarquias em todo lugar na vida, mas se recusa a reconhecê-las no interesse de estabelecer e manter a paridade no ambiente psicoterapêutico.

Na seção "A Relação com o Paciente como Pessoa ou Objeto", de *O Eu Dividido*, Ronald David Laing identifica explicitamente sua orientação, como terapeuta, como fenomenológico-existencial. Embora seu tema sejam pacientes psicóticos (o grupo que inicialmente foi sua especialidade), o que Ronald David Laing diz aqui se aplicava a qualquer indivíduo que estivesse em psicoterapia com ele. Ronald David Laing escreve que a relação terapêutica tem as características da relação Eu-Tu de Buber[7] e que seu foco está na "maneira de ser do paciente em relação a mim"[8]. Ele acrescenta que, como psicoterapeuta,

> (...) é preciso saber orientar-se como pessoa no esquema de coisas do outro em vez de vê-lo apenas como um objeto em nosso próprio mundo, isto é, dentro do sistema total de nossa própria escala de referências. É preciso saber efetuar esta reorientação sem pré-julgar quem está certo ou errado[9].

Um segundo princípio do trabalho terapêutico de Ronald David Laing "crucial em psicoterapia, embora não em outros tratamentos, é que cada homem é ao mesmo tempo independente de seus semelhantes e com eles"[10]. É especialmente crucial no esforço psicoterapêutico que o terapeuta

---

[7] Ronald David Laing, *O Eu Dividido*, p. 89.

[8] Idem, p. 24.

[9] Idem, p. 25.

[10] Idem, p. 26.

tenha em mente que ele e seu cliente estão, existencialmente, no mesmo barco. Ou seja, eles estão *sozinhos juntos* em seu empreendimento. O que se passa na vida também se passa na psicoterapia, embora, nesta última, o isolamento dos participantes um do outro seja destacado e se torne, juntamente com muito mais, um tema de investigação e elucidação.

Usando a linguagem da psicanálise, Ronald David Laing discute o uso da interpretação com seus pacientes[11]. Ele se baseia na noção de Dilthey de que a interpretação de um texto implica uma relação entre o autor de um texto e o leitor, observando que a relação psicoterapêutica é comparável a ela. Isso é especialmente importante quando se trabalha com indivíduos, cujo senso de realidade difere drasticamente do da maioria das pessoas.

> Como o intérprete, o terapeuta deve possuir versatilidade para transportar-se a uma visão estranha e talvez alienada do mundo. Neste ato, apela para suas possibilidades psicóticas sem renunciar à própria sanidade. Somente assim pode chegar a compreender a *posição existencial* do paciente[12].

Repetindo: o que Ronald David Laing diz sobre a transposição para o mundo de um indivíduo psicótico vale para o trabalho com qualquer pessoa em psicoterapia. O

---

[11] Considerando a compreensão de Sigmund Freud sobre o lugar da interpretação na psicanálise, sobre este e assuntos relacionados é sempre importante levar em conta a relação de Ronald David Laing com a psicanálise. Ver Thompson, "Deception, Mystification, Trauma: Laing and Freud"; "The Heart of the Matter: R.D. Laing's Enigmatic Relationship with Psychoanalysis" e "Existential Psychoanalysis: A Laingian Perspective", em Marcus & Rosenberg (Eds.), *Psychoanalytic Perspectives on the Human Condition.*

[12] Idem, p. 35, ênfase minha.

que há para ser entendido é a "posição existencial" do outro. Ronald David Laing comenta sobre a natureza de tal "compreensão" do outro:

> Por compreender, entenda-se amar. Contudo, não há palavra mais prostituída que essa. O que é necessário, embora não baste, é a capacidade de saber como o paciente sente a si mesmo e ao mundo, inclusive ao psiquiatra. Quem não o compreende dificilmente estará em posição de começar a "amá-lo" de maneira eficaz[13].

Este é um poderoso desafio para a postura antisséptica do psiquiatra, que, no relato de Ronald David Laing, parece estar impedido de entender seu paciente. Em vez disso, resta ao psiquiatra a tarefa de explicar o comportamento e pouco mais[14]. Mas o comportamento é meramente o que é, a menos que a experiência que o motiva seja compreendida. Tal compreensão é o objetivo de Ronald David Laing. Ele coloca seu objetivo em termos de devoção e "amor" ao outro.

Em o *Eu e Os Outros*, seu segundo livro, Ronald David Laing faz uma série de observações sobre "confirmação ou desconfirmação em psicoterapia" que revelam muito sobre seu estilo terapêutico[15]. Considerando a validação da existência

---

[13] Idem, p. 35.

[14] Isto é precisamente o que aconteceu no mundo do Manual Diagnóstico e Estatístico de Transtornos Psicológicos (DSM), onde há pouca referência à experiência e as características diagnósticas são efetivamente limitadas ao comportamento observável. Essa também é a postura de muita psicoterapia e aconselhamento, desde as modalidades psicodinâmicas até as cognitivo-comportamentais tal como são praticadas atualmente.

[15] Este é o segundo livro de Ronald David Laing, que deveria ser a segunda parte de *O Eu Dividido (Divided Self)*. Ele reapareceu oito anos depois "extensivamente revisado", com o título *Self and Others* (*O Eu e os Outros*).

do Outro, ele cita sua experiência com uma mulher que, após dez minutos de mudez imóvel, suplicou-lhe que não se afastasse dela. Ronald David Laing admite, em retrospectiva, que ele perdeu o interesse nela durante o intervalo "catatônico" (minha interpretação) e sua "*mente começou a distrair-se com preocupações pessoais*"[16]. Ele não havia mudado sua posição no espaço em relação a ela, entretanto, ela experimentou um distanciamento e Ronald David Laing percebeu que deveria confirmar a percepção dela de que sua existência foi removida da presença dele e reconhecer "*o fato de que ela me sentira distante*"[17]. Rejeitando algumas interpretações psicanalíticas padrão teoricamente corretas possíveis, ele disse: "*o mais importante a fazer naquele momento era confirmar o fato de que ela havia registrado corretamente um real afastamento de sua 'presença'*"[18]. Ele concluiu que "*a única coisa, portanto, que eu poderia dizer a meu paciente era: 'Sinto muito'*"[19].

Em "A Experiência Psicoterapêutica", um importante texto que data de 1964[20], Ronald David Laing caracterizou

---

O texto revisado intitulado sem o artigo definido inicial é, em muitos aspectos, um livro muito diferente de seu antecessor. Durante a década de 1960, Ronald David Laing mudou de maneiras importantes. [NT: A tradução brasileira inseriu o artigo definido no início: *O Eu e os Outros*].

[16] Ronald David Laing, *O eu e os Outros*, p. 100.

[17] Idem, p. 101.

[18] Idem, p. 101.

[19] Sobre proximidade e distância existenciais, veja os protocolos dos encontros de Martin Heidegger com residentes em psiquiatria, em Martin Heidegger, *Seminários de Zollikon*. Publicado pela primeira vez em 1987, o volume abrange uma década de seminários (1959-1969) realizados na casa de Medard Boss. Martin Heidegger influenciou Ronald David Laing mais do que outros filósofos, incluindo Jean-Paul Sartre, sobre quem ele escreveu com David Cooper o volume *Razão e Violência*.

[20] O texto é "uma versão revisada de uma conferência pronunciada no VI Congresso Internacional de Psicoterapia, Londres, 1964, intitulada

a psicoterapia como um empreendimento que *"consiste na poda de tudo o que se encontra entre nós: apoios, máscaras, papéis, mentiras, defesas, ansiedades, projeções e introjeções, em suma, todas as sobras do passado, transferência e contratransferência, que usamos por hábito ou conivência, consciente ou inconscientemente, como a moeda corrente de nossos relacionamentos"*[21].

Em vez de se preocupar com as preocupações da psicanálise clássica sobre o passado, o psicoterapeuta deve se concentrar em "o que jamais aconteceu e o que é novo"[22]. Neste texto, Ronald David Laing provavelmente estava falando sobre si mesmo ao comentar sobre os novos desenvolvimentos na psicoterapia que anunciavam tal mudança de perspectiva:

> *O terapeuta pode permitir-se agir com espontaneidade e de maneira imprevista.* Pode empenhar-se ativamente em destruir velhos padrões de experiência e comportamento. Pode apoiar ativamente padrões novos. Ouve-se falar, agora, em terapeutas que dão ordens, riem, gritam, choram e até se levantam daquela sagrada cadeira[23].

Estritamente proibido pela técnica psicanalítica ortodoxa, Ronald David Laing permitiu-se tal comportamento com seus pacientes, como vemos em trechos de sessões com uma mulher em *Did You Used to Be R.D. Laing?*, em que ele se senta no chão, de pernas cruzadas, perto dela.

Evidentemente, Ronald David Laing muitas vezes surpreendeu seus pacientes. Em entrevistas, no entanto, ele

---

'Prática e Teoria: A Situação Presente" (*A Política da Experiência*, p. 5).

21 Ronald David Laing, "A experiência psicoterapêutica", *A Política da Experiência*, p. 35.

22 Idem, p. 36.

23 Idem, p. 36, ênfase minha.

deixou claro que nunca se aproveitou da vulnerabilidade do Outro. Ter uma influência poderosa sobre a pessoa, o que eu chamaria precisamente de um efeito terapêutico sobre o Outro – não deu a Ronald David Laing licença para tentar ter suas próprias necessidades atendidas[24].

Uma das declarações mais memoráveis e frequentemente citadas de Ronald David Laing sobre psicoterapia aparece neste texto. Caracteriza sucintamente a postura fenomenológica existencial que ele sintetiza: *"A psicoterapia deve permanecer uma tentativa obstinada de duas pessoas para recuperar a integridade do ser humano através do relacionamento entre elas"*[25].

Enquanto Ronald David Laing afirmava haver alguns "*princípios gerais... para o homem que tem autoridade excepcional e capacidade de improvisar*"[26] no cenário terapêutico, ele não articulou nada que pudesse ser interpretado como uma técnica. No entanto, uma coisa era muito clara para ele:

> Qualquer técnica relativa ao outro sem o *self*, ao comportamento com exclusão da experiência, ao relacionamento com negligência das pessoas relacionadas, aos indivíduos com exclusão de seu relacionamento e, acima de tudo, ao objeto-a-ser-modificado

[24] Por um lado, como qualquer psicoterapeuta, Ronald David Laing cobrava uma taxa por seu tempo, e essa é certamente a única compensação esperada por fazer esse tipo de trabalho em uma cultura cuja economia é baseada no pagamento de dinheiro por bens e serviços, em vez de escambo. Por outro lado, Ronald David Laing é conhecido por ter formado relações pessoais com ex-"pacientes". Isso deveria nos levar a desacreditar seu trabalho com esses indivíduos quando ele era seu psicoterapeuta? De modo algum.

[25] Idem, p. 40.

[26] Idem, p. 36.

de preferência à pessoa-a-ser-aceita, limita-se a perpetuar a doença que pretende curar[27].

Partindo do pressuposto de que tanto o terapeuta quanto o cliente estão no mesmo "embaraço" existencial, cada um alienado de si mesmo, mas em graus variados, Ronald David Laing observa:

> O relacionamento psicoterapêutico é, portanto, uma pesquisa. Uma busca constantemente reafirmada e reconstituída daquilo que todos perdemos e que alguns podem talvez suportar com um pouco mais de facilidade que outros, assim como alguns suportam melhor a falta de oxigênio, e esta nova busca é autenticada pela *experiência partilhada da experiência reconquistada no relacionamento terapêutico e através dele, aqui e agora*[28].

Mas o que deve acontecer na psicoterapia para permitir que isso aconteça? O que provoca o efeito transformador que permite ao Outro redescobrir o que perdeu? Mais uma vez, Ronald David Laing não é específico. Havia a regularidade padrão de um local de encontro e tempo e a troca de dinheiro, mas o que é novo aqui é a abertura e franqueza que caracterizaram o estilo terapêutico de Ronald David Laing.

No entanto, certamente, isto se refere a experiências que são o efeito do trabalho de somente alguns curandeiros carismáticos. O próprio Ronald David Laing levanta e responde a essa possível objeção: *"Isto significará que a psicoterapia deve ser um culto pseudo esotérico? Não."*[29] No entanto, ela pode nos lembrar de uma seita antiga.

---

[27] Idem, p. 40.

[28] Idem, p. 42.

[29] Idem, p. 43.

Mais no final de sua vida, Ronald David Laing falou raramente sobre psicoterapia em suas apresentações públicas. Em 1985, na Terceira Conferência sobre "A Evolução da Psicoterapia" (a chamada "Woodstock da Psicoterapia"), ele disse:

> Em certo sentido, a psicoterapia é teologia aplicada, filosofia aplicada, ciência aplicada. Nossas táticas e estratégias psicoterapêuticas são baseadas em e permeadas por quem e o que nos consideramos ser, o que e como desejamos e não desejamos, queremos e tememos, esperamos e desesperamos ser em e por nossa experiência e conduta. Tudo isso é a teoria e a práxis da *fenomenologia existencial* na psicoterapia[30].

A referência de Ronald David Laing à fenomenologia existencial mais uma vez como base de sua prática da psicoterapia é muito significativa. Isso nos lembra que essa perspectiva filosófica estava no centro de sua prática[31].

II

Os comentários mais extensos de Ronald David Laing sobre "fazer" psicoterapia aparecem nas transcrições de suas conversas com Bob Mullan, um ex-assistente social psiquiátrico que estava se preparando para escrever a biografia

---

[30] Ronald David Laing, "The use of existential phenomenology in psychiatry", p. 205, ênfase minha.

[31] Sobre a relação de Ronald David Laing com a filosofia fenomenológica existencial, ver Thompson, "The Existential Dimension to Termination" e "The Fidelity to Experience in R.D. Laing's Treatment Philosophy"; Steven Gans, "Awakening to Love: R.D. Laing's Phenomenological Therapy"; Schneider, "R.D. Laing's Existential-Humanistic Practice: What Was He Actually Doing?".

de Ronald David Laing não muito antes da morte dele[32]. Vale a pena exemplificá-las extensivamente, uma vez que são sua discussão mais extensa sobre a psicoterapia como ele a praticou.

Contrastando sua postura terapêutica com o método psicanalítico em que ele havia sido treinado na Clínica Tavistock, em Londres, ele ofereceu a seguinte avaliação modesta:

> Meus "pacientes" queriam, em certo sentido, obter de mim, minha visão deles, bem, eles *a receberiam* e então poderiam ir embora e fazer o melhor ou o pior disso. Quero dizer, "eu não estou dizendo que isso vai lhe fazer bem, mas se você está vindo me ver e se o que você quer obter de mim é como eu vejo sua vida e a situação em que você está e você acha que isso vai ajudá-lo, bem, eu não me importo de lhe dar isso. Mas não estou prometendo que isso será terapêutico. Eu não sei se você aguenta isso, uma coisa - apenas uma coisa, não se mate na minha porta...[33]

Observe especialmente as aspas em torno da palavra 'pacientes'. A essa altura (se é que alguma vez o fez), Ronald David Laing não pensava em termos da hierarquia do médico-psiquiatra e do paciente, mas sim em termos do que eu

---

32 Embora ele tenha tido vários projetos de livros em mente durante este período de sua vida, era neste que Laing estava trabalhando nos últimos meses de sua vida. Ele insinua tal compreensão das extensas entrevistas que estava dando a Bob Mullan (p. 251). As conversas ocorreram em 1988 e 1989, ano em que Ronald David Laing morreu. Temos que agradecer a Bob Mullan por uma rica obra sobre Ronald David Laing. Mais conhecido como documentarista, Bob Mullan está envolvido atualmente com um projeto que apresentará um relato fictício do trabalho e da personalidade de Ronald David Laing: www.gizmofilms.eu.

33 Bob Mullan, *Mad to Be Normal*, p. 317.

chamo de "o Outro". Ele pode parecer ter sido leviano, até mesmo duro aqui, mas ele rapidamente acrescenta:

> Eu poderia dizer isso a alguém, eu poderia não dizer isso a outra pessoa. Com outra pessoa eu poderia ser terno e gentil. Você não pode então codificar isso e dizer que é isso que você diz. Essa seria a minha resposta a uma pessoa, mas haveria uma resposta completamente diferente a outra.
>
> Por isso, estou respondendo. O que estou oferecendo é minha contribuição e minha *disponibilidade* para eles, se eles sentirem que um toque de *mim* em sua vida seria útil para eles. Eles podem tê-lo por uma taxa, porque eu também tenho que viver e eles provavelmente têm muito mais dinheiro do que eu. Bem, eu tive um tom um pouco severo agora, mas você sabe o que quero dizer[34].

Sobre o sentido do que era terapêutico no que ele fazia, Ronald David Laing observa:

> (...) a palavra terapia tem um significado etimológico que me agrada... a etimologia significa atenção, então o principal é cultivar atenção delicada ao outro, *atenciosidade*. Então, estou oferecendo minha atenção e minha resposta em meu julgamento do que é apropriado, de como responder a você. Estarei atento a você[35].

Ele expande o tema da atenção:

> Acho que a conclusão é que eles receberam a minha companhia... e *atenção*. Eles tiveram a minha

[34] Idem, p. 318, ênfase minha.

[35] Idem, p. 320, ênfase minha.

> companhia e atenção, e o meu *engagement* [Ronald David Laing usa a palavra francesa] para eles... por uma questão de honra da minha parte, eles tiveram minha atenção e eu me coloquei a serviço deles e de sua vida, e me dirigi da melhor maneira possível ao que os estava incomodando. O modo como isso poderia acontecer, poderia ter muitas diferentes variedades do alcance da minha presença e atenção, e do meu treinamento e minha intuição, espontaneidade e sensibilidade esperançosamente refinadas, treinadas e cultivadas[36].

Fica claro que o que os psicanalistas chamam de "relação real"[37] é central e mais importante do que a aliança terapêutica ou transferência: *"Desenvolvi* a prática de que o encontro deve ser conduzido sob a forma de cortesia civilizada. Cortesia"[38]. Novamente referindo-se ao encontro inicial, Ronald David Laing, surpreendentemente, nos diz:

> A essa altura, eu não estava de forma alguma comprometido com a ideia de que [uma pessoa] tenha vindo me ver para *psicoterapia*. Eles vieram me ver para uma consulta sobre o que eu poderia contribuir positivamente para a vida deles, o que poderia não ser uma recomendação para entrar em terapia, poderia ser qualquer coisa, absolutamente qualquer coisa[39].

Tomo a qualificação de Ronald David Laing sobre o que se poderia dizer que ele estava fazendo, como uma crítica

---

[36] Idem, p. 328-9.

[37] Greenson, *The Technique and Practice of Psychoanalysis.*

[38] Bob Mullan, *Mad to Be Normal*, p. 320-1

[39] Idem, p. 321-2.

implícita à psicoterapia como ela era (e ainda é) praticada. Ele discute isso com mais detalhes alguns minutos depois em sua conversa com Bob Mullan.

Ronald David Laing é cuidadoso de salientar que ele não era fisicamente íntimo com os indivíduos com quem trabalhava. Ele nunca os "abraçou"[40]. Por outro lado, ele, às vezes, se oferecia de maneiras que devem parecer extraordinárias para os praticantes contemporâneos. No início de sua carreira, por exemplo, ele trouxe para casa um de seus jovens pacientes de internação, do sexo masculino, gravemente perturbado, para viver por um tempo com sua esposa e filhos[41]. Ronald David Laing então tentou um resumo da natureza de seu trabalho como psicoterapeuta:

> Desde os dias das celas acolchoadas nos anos 50, o que eu tenho feito é, em certo sentido, muito diferente da compreensão da psicoterapia de praticamente todos os psicoterapeutas. É [o que eu faço] psicoterapia, o que é psicoterapia? A psicoterapia é um trabalho extremamente árduo porque implica dar atenção e a disponibilidade da sua presença. Escutar, em primeiro lugar, é um trabalho muito duro. Você *pode* se acostumar a escutar e praticar a escuta e aí ela se torna menos trabalhosa com o passar do tempo. Mas se você me perguntar o que eu fiz ou dei às pessoas, muitas pessoas que vieram me ver disseram que *a principal coisa que receberam de mim é que eu as escuto. Eles realmente encontraram alguém que realmente ouviu o que eles estão dizendo e escutou. Isso, por si só, sem dizer nada, pode ser de importância crítica.* Somos seres sociais, de uma forma ou de outra. Para

---

[40] Idem, p. 322.

[41] O jovem, Peter, é discutido em seu primeiro livro, *O Eu Dividido*.

> muitas pessoas em suas vidas, não há ninguém que os escute, ninguém que os ouça, ninguém que os veja, eles são inventados por todos, eles sentem com toda a razão que são fantasmas. Eles poderiam muito bem estar mortos, no que diz respeito aos mais próximos e queridos. Eles são a fantasia de outras pessoas. Isso, às vezes, pode afundar alguém, e assim, se eles vêm ver alguém que realmente os vê e ouve e realmente reconhece sua realidade, sua *existência*, isso por si só é libertador. Na verdade, isso tem que estar lá em termos do que eu faço ou nada mais está lá, caso contrário, eles poderiam muito bem seguir e ir consultar um computador que faria o trabalho muito melhor do que a maioria dos terapeutas[42].

Qual é, então, a característica essencial do terapeuta como o vemos em Ronald David Laing? Esta troca entre Bob Mullan e Ronald David Laing contém uma alusão não tão surpreendente:

> Bob Mullan: [Ivan] Illich diz que os melhores psiquiatras são "sacerdotes dos últimos dias" de algum tipo ou outro...[43]
>
> Ronald David Laing: Eric Graham Howe tomaria isso e diria: "Bem, sim, como um sacerdote segundo a ordem de Melquisedeque, um sacerdote sem portfólio ou qualquer pretensão de quaisquer credenciais de um sacerdote, e certamente não usando colarinho ou qualquer coisa". Nesse sentido, sim, e só nesse sentido.
>
> Bob Mullan: E você se vê nesse sentido?
>
> Ronald David Laing: Nesse sentido.

---

[42] Idem, p. 330-1, última ênfase minha.

[43] Não consegui localizar a referência a Illich.

> Bob Mullan: Alguém enfrentando problemas de vida?
>
> Ronald David Laing: Sim. Como um ser humano para outro[44].

Um "sacerdote sem portfólio" pode sugerir um dos *Therapeutae* de um tempo anterior à existência de sacerdotes na tradição cristã.

No final, prevalece a postura fenomenológico-existencial de Ronald David Laing: dois indivíduos que trabalham no cenário psicoterapêutico são duas pessoas juntas "enfrentando os problemas de viver", trabalhando "como um ser humano para outro" em relação.

Quanto à existência de um tipo de prática que poderia levar seu nome, Ronald David Laing faz uma afirmação que o diferencia dos psicanalistas e de todos aqueles que se consideram representantes de uma escola ou modalidade de psicoterapia. Novamente, uma breve troca entre Bob Mullan e Ronald David Laing:

> Bob Mullan: O que caracterizaria uma terapia como laingiana, afinal?
>
> Ronald David Laing: *Laing*[45].[46]

---

[44] Idem, p. 334-5.

[45] Idem, p. 327.

[46] Um retrato inicial de Ronald David Laing, de 1972, quando sua popularidade nos Estados Unidos estava no auge, é Mezan, "After Freud and Jung, Now Comes R.D. Laing. Pop-Shrink, Rebel, Yogi, Philosopher-King? Latest Incarnation of Aesculapius, Maybe?". Além dos livros de Bob Mullan já citados e o seu *R.D. Laing. A Personal View*, há também as seguintes biografias: Evans, *R.D. Laing. The Man and His Ideas* e *Dialogue with R.D. Laing*; Laing, *R.D. Laing: A Biography* (escrito pelo filho de Ronald David Laing); Clay, *R.D. Laing. A Divided Self*; Burston, *The Wing of Madness: The Life and Work of R.D. Laing*; e Beveridge,

III

A presença de Ronald David Laing entre os psicoterapeutas de hoje está mais uma vez se tornando mais forte, especialmente, entre aqueles com uma perspectiva fenomenológica existencial. Infelizmente, ouvimos pouco sobre seus sucessores em centros de tratamento residencial no Reino Unido ou deles. Também ouvimos pouco daqueles, cuja prática foi influenciada por seu exemplo do que eu chamei, aqui, de terapeuta. A influência de Ronald David Laing, agora, flui, principalmente, através de seus livros e do trabalho de estudiosos e praticantes ocasionais, cujas contribuições e postura podem apenas refletir indiretamente a revisão de Ronald David Laing da psicoterapia. Por outro lado, há sinais de Ronald David Laing *revividus* – de Ronald David Laing o terapeuta *par excellance*[47].

Eu destaquei Ronald David Laing como, talvez, o representante mais importante dos novos *Therapeutae* desde Sigmund Freud e alguns de seus ousados seguidores. Com seu exemplo em mente, resta resumir o que considero ser a singularidade do praticante da "terapia da palavra" – o terapeuta. A essa altura, deveria estar óbvio que eu vejo os *Therapeutae* como precursores do terapeuta fenomenológico-existencial, assim como vejo Sigmund Freud, Ronald David Laing e alguns outros psicoterapeutas que conheci como portadores dessa tradição, que estava há tanto tempo em eclipse.

Portrait of the Psychiatrist as a Young Man: The Early Writing and Work of R.D. Laing, 1927-1960 (que cobre o mesmo período da autobiografia de Ronald David Laing). Cf. também Williams (1977), *R.D. Laing. His Work and Its Relevance for Sociology.*

[47] Um simpósio sobre Ronald David Laing, "R.D. Laing in the Twenty-first Century," ocorreu no Wagner College, organizado pelo autor, de 23 a 25 de outubro de 2013.

Quais são as características do terapeuta, "o bom curador das mentes", o praticante da "terapia da palavra" e "a cura das almas"?

A relação humana entre o terapeuta e o Outro é central para o que acontece entre eles que será terapêutico para o Outro (bem como para o terapeuta). A "relação real" tem prioridade sobre a aliança terapêutica e a transferência. Em sua forma psicanalítica clássica, a relação terapêutica ocorre em três níveis: a aliança terapêutica, a transferência e a relação real[48]. Do ponto de vista do analisando, (a) a aliança terapêutica permite um mínimo de distância desinteressada de sua angústia, para que ele possa apreciar um plano e curso de tratamento. (b) A transferência ocorre, a princípio, em vários níveis da vida mental inconsciente e gradualmente (embora nunca inteiramente) torna-se aparente para o analisando à medida que ele cria uma imagem de seu passado, muitas vezes reforçada por pistas e explicações fornecidas pelo analista (observações sobre o que o analisando está fazendo - incluindo resistir a participar da análise - interpretações e reconstruções). A transferência é conscientemente monitorada e inconscientemente experimentada pelo analista. As reações de contratransferência fornecem-lhe pistas sobre tendências inexplícitas (inconscientes) na transferência. Finalmente, há considerações de (c) a relação real entre os dois participantes que (talvez a contragosto) devem ser admitidas e lidadas com a introdução de "parâmetros" para a situação analítica.

Ronald David Laing apreciava o lugar de todos os três elementos da relação terapêutica na psicanálise clássica e isso não é surpreendente, dada a sua formação, mas o que

---

[48] Greenson, *The Technique and Practice of Psychoanalysis.*

emerge como central em Ronald David Laing e, eu concordaria, em toda uma psicoterapia genuína (não importa como a chamemos) é a relação real entre o psicoterapeuta e o Outro. Essa ênfase decorre da orientação fenomenológico-existencial de Ronald David Laing.

Para Ronald David Laing (e, portanto, para o terapeuta), o estabelecimento e a manutenção da aliança terapêutica dependem de como a relação real é experimentada tanto pelo psicoterapeuta quanto por seu outro. Ronald David Laing diferia da maioria dos psicoterapeutas quanto à sua visão da natureza e do significado, bem como dos usos terapêuticos do relacionamento real, em conexão com que, como ele observou (citado acima), um "*terapeuta pode permitir-se agir com espontaneidade e de maneira imprevista... [dar] ordens, riem, gritam, choram e até se levantam daquela sagrada cadeira*". Mais uma vez, perguntamos: essas expressões são meramente excessos, consequências perigosas de treinamento inadequado ou mesmo psicopatologia do terapeuta? Críticos do próprio Ronald David Laing sugeriram isso.

Eu argumentaria que tais acusações (que foram feitas a muitos outros psicoterapeutas, incluindo Sandor Ferenczi, Wilhelm Reich e Jacques Lacan, por colegas membros da guilda de psicanalistas e psiquiatras) desmentem uma falta de franqueza, se não de dissimulação, por parte dos críticos. Se tantos psicoterapeutas praticam de uma maneira que os faz parecer frios e distantes de seus pacientes ou clientes, não é difícil vê-los como sendo equipados com o longo jaleco branco do clínico médico, não importando como estejam vestidos.

Central para as considerações sobre o relacionamento real – talvez melhor nomeado de *relação existencial* – é a questão sobre o quão revelador de si mesmo o psicoterapeuta deveria ser para o Outro.

As discussões sobre a autorrevelação do psicoterapeuta estão no ar desde pelo menos a época de Sandor Ferenczi, que defendeu o que foi inicialmente chamado de uma forma mais "ativa" de psicanálise do que Sigmund Freud permitiria (pelo menos na teoria e nas publicações). Mais recentemente, começando com Carl Rogers[49], revelações calculadas de detalhes da vida do terapeuta foram consideradas apropriadas, benéficas e até necessárias para um tratamento eficaz "centrado no cliente"[50].

Mas e aqueles terapeutas, cujas necessidades pessoais são, de fato, colocadas antes das do cliente? Eles existem. Os exemplos de terapeutas, cujas vidas pessoais ofuscam ou se misturam de forma desigual e injusta com seu trabalho são bem conhecidos e são justamente citados como boas razões para apertar os regulamentos para licenciar psicólogos clínicos nos Estados Unidos e em outros lugares, e até mesmo para levantar dúvidas entre o público sobre a segurança do ambiente psicoterapêutico. O que os entrega aqui, no entanto, é o adjetivo "clínico". O consultório do terapeuta não é uma clínica. O terapeuta não é um médico. Como vimos, ele nunca foi e desde o início distinguiu-se do praticante da *ars muta*.

Ademais, há uma diferença entre a transgressão e a revelação da humanidade compartilhada e do destino existencial como terapeuta na presença do Outro. Sempre será difícil determinar se uma ilusão grandiosa está mascarando-se como zelo terapêutico. Por exemplo, um psicoterapeuta que

---

[49] Carl Rogers, *Terapia Centrada no Cliente.*

[50] Para um relato sobre um encontro entre Ronald David Laing e Carl Rogers e as notáveis diferenças de Ronald David Laing com a psicologia humanista, ver a reflexão de Maureen O'Hara's em Mullan, *Creative Destroyer*, pp. 314-322.

nega, em princípio, a utilidade do conceito de psicopatologia, está escondendo uma perturbação psicológica grave, embora egosintônica, que é bem defendida por uma noção teórica? Não há lugar na psicoterapia para uma visão (que Ronald David Laing parece ter mantido) de que, tanto para o terapeuta quanto para o Outro, peculiaridades aparentes de comportamento são, na verdade, tentativas de autocura e não devem ser consideradas patológicas, especialmente quando está claro que a pessoa está tentando salvar sua sanidade (embora sem sucesso) em uma situação social evidentemente patogênica (por exemplo, a família do Outro ou a própria situação terapêutica)?

Eu concluo que o que é terapêutico na psicoterapia baseia-se na relação real entre o terapeuta e o terapeutizando. Nenhum de nós é um Sigmund Freud ou um Ronald David Laing. Mas esse é precisamente o ponto. Imitar um ou outro não leva a nada, a menos que seja a caricatura bem-humorada do psicanalista (masculino) vestindo um terno de três peças e (até recentemente) fumando charutos. O mesmo acontece com a analista feminina, usando um vestido de estampa simples embelezado por um único fio de pérolas. Também não é preciso sentar-se sem sapatos e de pernas cruzadas em frente ao Outro para estar co-presente a ele ou ela.

O fato de ter existido somente um Sigmund Freud e um Ronald David Laing não significa que alguns de nós sejamos tão apaixonados quanto foram por descobrir os meios de penetrar nas vidas complicadas, às vezes, temporariamente incapacitadas, de indivíduos que se retiraram, em menor ou maior grau, das convencionalidades da realidade consensual ou que perderam a fé na capacidade da palavra de adiar a aceitação árdua de nosso isolamento fundamental uns dos outros como seres humanos, um dado da condição humana.

O psicoterapeuta genuíno ou terapeuta, atravessa um vazio que se abriu entre o Outro e seu Outro, que, naquele momento, é o terapeuta. Isto é realizado somente por palavras. Em relação ao vazio, o ponto de Ronald David Laing parece ser que a psicoterapia eficaz só pode ocorrer na condição de que ambas as partes experimentem esse vazio como real, mesmo que possa ser mais vívido e crítico para uma delas naquele momento. Lembremos da paciente de Ronald David Laing que o sentiu se distanciando dela. Essa circunstância implica a possibilidade de que possa ser essencial, de tempos em tempos, que o psicoterapeuta se levante de sua cadeira, atravesse a sala e se sente no chão na frente de seu paciente para "corrigir" a distância percebida. Deveria ele, às vezes, com franqueza ponderada e atenciosa, olhar o paciente nos olhos e não dizer nada, nem por uma fração de segundo, mas por um minuto – ou mais? Deveria ele se juntar ao riso ou choro de um paciente? Deveria ele chorar por razões próprias em resposta a algo dito pelo Outro? No mínimo, seguindo Ronald David Laing, podemos dizer que ele não deve se sentir impedido de fazer nenhuma dessas coisas.

Tem sido dito que o "instrumento" do psicoterapeuta é a sua personalidade. Aparte dessa referência cirúrgica, isso não vai longe o bastante. Seguindo Ronald David Laing, eu diria, em vez disso, que o que é terapêutico em um psicoterapeuta não é sua personalidade, mas sua presença. Praticantes experientes concordam (mesmo que apenas em particular) que, independentemente da orientação teórica de cada um, todos os psicoterapeutas eficazes têm (ou, melhor, são) uma presença que é difícil de descrever objetivamente. Como Ronald David Laing escreveu (citado anteriormente): "Esta presença, tão imediata à nossa sensibilidade, do outro escapa a ser fixada inteiramente objetivamente. Alguns momentos atrás, havia apenas um corpo fazendo alguns movimentos. Agora, alguém está lá." Podemos chamar isso de carisma. É o terapeuta abrindo sua "presença" para o Outro.

Menos difícil de entender é a coragem, que é a energia da presença do terapeuta. Que tipo de coragem é essa, e quais são suas fontes? Podemos conjecturar sobre o que aconteceu com os *Therapeutae* e terapeutas (com algumas exceções) entre a segunda e terceira gerações do fundador da "primeira escola vienense" da psicanálise. Ao trazer à tona a questão da coragem, estou certamente elaborando uma acusação contra não apenas os psicanalistas contemporâneos, mas também contra a maioria daqueles que passaram a se identificar como psicólogos clínicos, conselheiros, assistentes sociais e o resto – em suma, profissionais de saúde mental. O que tem explicado a hemorragia de coragem entre os sucessores modernos dos *Therapeutae*?

Conforme descrito na parte I desta contribuição, em primeiro lugar, os *Therapeutae* foram confundidos com os médicos. Uma vez que o psicoterapeuta cura com *quem ele está no que ele diz* – mais particularmente, como ele fala com o Outro e como isso torna possível que o Outro fale com ele de uma maneira diferente – sua vocação está em contraste direto com a do médico, que não fala nem cura, mas *intervém* de tal forma que o corpo pode se curar. Quando (de tempos em tempos) o médico quebra seu silêncio para fornecer segurança, ele efetivamente sai de seu papel de médico. Ao aplicar o modelo médico na tentativa de tratar a mente como se fosse algo como um corpo, os psiquiatras apenas aprofundam a confusão em torno do que é único sobre a arte de cura conhecida como "a terapia da palavra".

Em segundo lugar, os psicoterapeutas começaram a se ver como compreendendo uma guilda ou profissão. Tanto a psiquiatria quanto a psicoterapia tornaram-se instituições e empreendimentos lucrativos. Com as formalidades de uma profissão, vieram considerações de seu corpo societário. Estes incluíram liderança e questões de sucessão ortodoxa, credenciamento, patenteamento de serviços prestados e relações públicas e legais em conexão com instituições sociais, como escolas, governo, fabricantes de produtos farmacêuticos e a indústria de seguros. Esqueceu-se que a terapia da palavra é uma vocação – talvez, como Sigmund Freud sugerira, uma "profissão impossível" – e que aquele que praticava a arte desta vocação era essencialmente um *unicum* (único de um tipo), um *Einzelgänger*[51].

Em terceiro lugar, os psicoterapeutas perderam de vista o que é terapêutico na palavra. Como vimos, é difícil dizer com precisão o que é justamente terapêutico na palavra, mas isto é claro: sempre temos que nos haver com mais do que o conteúdo das palavras faladas. Temos de nos haver com um enunciado. A terapia da palavra tem tudo a ver com a forma como o terapeuta se posiciona em relação ao Outro ao preparar-se para dizer algo e executar sua enunciação. Há algo da noção de dirigir-se a alguém de Bakhtin[52] entre as condições da fala do psicoterapeuta[53].

---

[51] *Einzelgänger*: Um solitário, um lobo solitário, um trapaceiro.

[52] Bakhtin, *Os gêneros do discurso*.

[53] O fato de dirigir-se a alguém é "estar voltado para o destinatário" (Bakhtin, 1997, p. 321), "ter um destinatário" (p. 326). Bakhtin distingue um enunciado de "unidades significantes da língua" (p. 321), isto é, meras palavras. "Fato de poder dirigir-se a alguém não lhes cabe na qualidade de unidade da língua" (p. 326). Ele deixa claro que as condições do dirigir-se a alguém incluem tonalização com o Outro que fala e uma expectativa quanto ao que virá no Outro. A importância disto para o *setting* psicoterapêutico parece inegável. O texto, publicado originalmente em russo, é de 1952-53.

Em quarto lugar, os psicoterapeutas ficaram com medo de correr riscos. Esta é talvez a mudança crítica e onde o fracasso da coragem tem sido mais pungente. Vejo Ronald David Laing como exemplo do terapeuta da palavra por causa de sua disposição de "*permitir-se agir com espontaneidade e de maneira imprevista*", e isso significava correr riscos. Imersas na ortodoxia e preocupadas em preservar uma tradição, as escolas de psicoterapia gastaram a maior parte de sua energia defendendo uma teoria particular da técnica, enquanto tiveram pouco a dizer sobre quem são e o que fazem. Sabemos que Sigmund Freud relutou em publicar seus artigos sobre técnica e, evidentemente, reteve alguns, que ele pode ter destruído[54]. Comitês de treinamento em institutos e programas de pós-graduação são notórios por não se arriscarem quando hesitam em receber candidatos que veem o que querem fazer como uma resposta a uma vocação[55].

IV

Em conclusão, deixe-me especular brevemente sobre o retorno do terapeuta, uma vez que, mesmo dadas as condições no mundo da psicoterapia profissional que acabamos de descrever, tenho a impressão de que, à medida que o século continua, mais desse tipo estranho de indivíduo aparecerá. Atualmente, não há lar para eles e, como os *Therapeutae*, não pode haver um, uma vez que eles também são isolados e afastados dos médicos e sacerdotes. Como os *Therapeutae*, eles

[54] Ver a nota de James Strachey na "Introdução do Editor" de *Escritos sobre a Técnica*, de Sigmund Freud, pp. 84-87.

[55] Em conexão com isto, considerar o destino da psicanálise, especialmente nos Estados Unidos, recontada por Kirsner, *Unfree Associations. Inside Psychoanalytic Institutes.*

vagam em um deserto. Beduínos existenciais, os terapeutas armam suas tendas no deserto de nossa terra devastada. Um posto avançado de nosso deserto é o ciberespaço e, no entanto, ironicamente, pode ser que aqueles que têm interesse nos novos *Therapeutae* tenham a chance de se encontrar com eles, exclusivamente, lá. Para a maioria, as palavras-chave serão "fenomenologia" e "existencial". Grupos incipientes se formaram, mas, como seria de se esperar, eles rapidamente se fragmentam de volta em suas unidades. Não há pastores.

O estilo de vida dos antigos *Therapeutae* é revelador. Eles passavam todos os dias da semana, menos um, separados uns dos outros. No dia restante, eles se encontravam, comiam e conversavam. Da mesma forma, o menor número de formalidades parece ideal para aqueles com orientação fenomenológico-existencial. Fiéis a esta inclinação, aqueles que se identificam com a orientação permanecem dispersos, trabalhando de forma independente. Isso é inevitável. O único freudiano era Sigmund Freud e o único "laingiano" era o próprio Ronald David Laing[56]. Todo psicoterapeuta genuíno é *sui generis*. Cada espécie contém apenas um indivíduo.

Há riscos óbvios de viver e trabalhar dessa maneira, mas acho que devemos considerar corrê-los. Tento imaginar a audácia de Sigmund Freud pela primeira vez realmente sentando-se para conversar com um paciente na privacidade de seu consultório. Lemos sobre Ronald David Laing ter se sentado em uma cela acolchoada com um de seus pacientes internados no Hospital Gartnaval[57]. Neurologistas (além de Sigmund Freud, incluindo Josef Breuer) haviam falado intimamente com seus pacientes, e psiquiatras (além de Ronald

---

[56] Penso no aforismo de Nietzsche: "... existiu um só cristão e ele morreu na cruz" *(O Anticristo*, p. 74).

[57] Bob Mullan, *Mad to Be Normal*, p. 316.

David Laing) se aproximaram de pacientes desgrenhados, muitas vezes muito sujos, da enfermaria[58]. Mas Josef Breuer recuou horrorizado com as implicações do que seu colega logo chamou de transferência, e outros psiquiatras em torno de Ronald David Laing não estabeleceram Kingsley Hall, embora alguns o tenham seguido até lá. Havia algo extraordinário na persistência desses homens que é um elemento de coragem.

Tanto Sigmund Freud quanto Ronald David Laing escreveram sobre a enorme oposição que enfrentaram e, de todos os relatos, o que disseram não foi um exagero. Alguns outros estão, agora, seguindo a tradição dos *Therapeutae*. É de se esperar que eles também enfrentem escárnio, especialmente, da guilda. Cada um é um *Einzelgänger*, um solitário. Isso é essencial, pois é da própria natureza do Outro que vem ao seu encontro ser o mesmo.

---

[58] Beveridge, *Portrait of the Psychiatrist as a Young Man*, p. 204.

Referências

AMANTEA, Carlos. *The Lourdes of Arizona*. San Diego: Mho & Mho Works, 1989.

AMERICAN PSYCHIATRIC ASSOCIATION. *Manual Diagnóstico e Estatístico de Transtornos Mentais (DSM-IV), Quarta Edição*. Porto Alegre: Artmed, 1994.

AMERICAN PSYCHIATRIC ASSOCIATION. *Manual Diagnóstico e Estatístico de Transtornos Mentais (DSM-5), Quinta Edição*. Porto Alegre: Artmed, 2013.

BAKAN, David. *Freud and the Jewish Mystical Tradition*. Princeton: van Nostrand, 1958.

BAKHTIN, Mikhail. *Os gêneros do discurso. In: Estética da criação verbal*. 2ª ed. Tradução de Maria Ermantina Galvão Pereira. São Paulo: Martins Fontes, 1997. p. 277-326.

BETTELHEIM, Bruno. *Freud and Man's Soul*. New York: Vintage Books, 1983.

BEVERIDGE, Allan. *Portrait of the Psychiatrist as a Young Man*. Oxford: Oxford University Press, 2011.

BINSWANGER, Ludwig. *Being-in-the-World. Selected Papers of Ludwig Binswanger*. Tradução e introdução de Jacob Needleman. New York: Basic Books, 1963.

BLUMENTHAL, David R. *Understanding Jewish Mysticism: A Source Reader, 2 vols*. Jersey City: Ktav, 1978/1982.

BOADELLA, David. Psycho-physical synthesis at the foundations of Body Psychotherapy. In: YOUNG, Courtenay (Ed.) *The Historical Basis of Body Psychotherapy*. Galashiels, UK: Body Psychotherapy Publications, 2012. p. 53-70.

BOSS, Medard. *Sinn und Gehalt der sexuellen Perversionen, ein daseinanalytischer Beitrag zur Psychopathologie des Phänomens der Liebe.* Bern: Huber, 1947.

BOSS, Medard. *Meaning and Content of Sexual Perversions: A Daseinsanalytic Approach to the Psychopathology of the Phenomenon of Love.* New York: Grune and Stratton, 1949.

BOSS, Medard. *Mechanistic and Holistic Thinking in Modern Medicine.* American Journal of Psychoanalysis, v. 14, p. 48, 1954.

BOSS, Medard. *Indienfahrt eines Psychiaters.* Pfullingen: Neske, 1959.

BOSS, Medard. *A Psychiatrist Discovers India.* London: Wolff, 1965.

BOSS, Medard. *Grundriss der Medizin: Ansätze zu einer phänomenologischen Physiologie, Psychologie, Pathologie, Therapie und zu einer daseinsgemäßen Präventiv-Medizin in der modernen Industrie-Gesellschaft.* Bern: Huber, 1971.

BOSS, Medard. *Es träumte mir vergangene Nacht: Sehübungen im Bereiche des Träumens und Beispiel für die praktische Anwendung eines neuen Traumverständnisses.* Bern: Huber, 1975.

BOSS, Medard. *I Dreamt Last Night...* Tradução de Stephen Conway. New York: Gardner, 1977.

BOSS, Medard. *Na Noite Passada Eu Sonhei...* Tradução de Solon Spanoudis e David Cytrynowicz. São Paulo: Summus, 1979.

BOSS, Medard. *Existential Foundations of Medicine and Psychology.* Tradução de Stephen Conway e Anne Cleaves. New York: Jason Aronson, 1993.

BOSS, Medard; CONDRAU, Gion. *Existential Psychoanalysis.* In: WOLMAN, Benjamin (ed.). Psychoanalytic Techniques. New York: Basic Books, 1967.

BURSTON, Daniel. *The Wing of Madness: The Life and Work of R.D. Laing.* Cambridge: Harvard University Press, 1998.

CLARK, Carlton F. *What was therapeutic about that? Journal of Transpersonal Psychotherapy, v. 36*, n. 2, p. 150-179, 2004.

CLAY, John. *R.D. Laing: A Divided Self.* London: Hodder and Stoughton, 1996.

COPLEY, Alfred L. *Heidegger und Hisamatsu und ein Zuhörender (Heidegger and Hisamatsu and a Listener)*. Kyoto: Bokubi Verlag, 1963.

DESCARTES, René. *Meditações*. In: Obra Escolhida. 3ª ed. Tradução de J. Guinsburg e Bento Prado Júnior. Rio de Janeiro: Bertrand Brasil, 1994. p. 105-200. (Originalmente publicado em 1641).

DILTHEY, Wilhelm. *The Essence of Philosophy: Collected Writings*. Princeton University Press, 1907.

ELIADE, Mircea. *O Xamanismo E As Técnicas Arcaicas Do Êxtase*. São Paulo: Martins Fontes, 2020. (Publicado originalmente em 1951).

ELLENBERGER, Henri. *The Discovery of the Unconscious: The History and Evolution of Dynamic Psychiatry*. New York: Basic Books, 1970.

ENTRALGO, Pedro Lain. *The Therapy of the Word in Classical Antiquity*. Tradução de L. J. Rather e John M. Sharpe. New Haven: Yale University Press, 1970.

ENTRALGO, Pedro Lain. *Doctor and Patient*. London: Weidenfield and Nicholson, 1969.

ERIKSON, Erik. *O ciclo de vida completo*. Porto Alegre: Artes Médicas, 1998.

EUSÉBIO DE CESAREIA. *História eclesiástica*. Tradução de Lucy Iamakami e Luís Aron de Macedo. Rio de Janeiro: CPAD, 1999.

EVANS, Richard. *R.D. Laing: The Man and His Ideas*. New York: Dutton, 1976.

EVANS, Richard. *Dialogue with R.D. Laing*. New York: Praeger, 1981.

FÍLON DE ALEXANDRIA. *Os Terapeutas*. In: LELOUP, Jean-Yves. Cuidar do Ser – Fílon e os Terapeutas de Alexandria. Tradução de Regina Fittipaldi, Ephraim Alves, Lúcia Endlich Orth, Jaime Clasen. Petrópolis: Vozes, 2002.

FOUCAULT, Michel. *A história da loucura: na Idade Clássica*. Tradução de José T. Coelho Neto. São Paulo: Perspectiva, 2005. (Publicado originalmente em 1961).

FRANKL, Viktor. *Em busca de sentido: um psicólogo no campo de concentração.* Traduzido por Walter O. Schlupp e Carlos C. Aveline. 45ª ed. Petrópolis: Vozes, 2019.

FREUD, Sigmund; BREUER, J. *Estudos sobre histeria.* In: Edição Standard Brasileira das Obras Completas de Sigmund Freud, v. II. Tradução de Luis Alberto Hanns. Rio de Janeiro: Imago, 1996. (Originalmente publicado em 1895).

FREUD, Sigmund. *A Interpretação dos Sonhos.* In: Edição Standard Brasileira das Obras Completas de Sigmund Freud, v. IV. Tradução de Luis Alberto Hanns. Rio de Janeiro: Imago, 1996. (Originalmente publicado em 1900).

FREUD, Sigmund. *O método psicanalítico de Freud.* In: Edição Standard Brasileira das Obras Completas de Sigmund Freud, v. VII. Tradução de Luis Alberto Hanns. Rio de Janeiro: Imago, 1996. (Originalmente publicado em 1904).

FREUD, Sigmund. *Sobre a psicoterapia.* In: Edição Standard Brasileira das Obras Completas de Sigmund Freud, v. VII. Tradução de Luis Alberto Hanns. Rio de Janeiro: Imago, 1996. (Originalmente publicado em 1905).

FREUD, Sigmund. *Os chistes e a sua relação com o Inconsciente.* In: Edição Standard Brasileira das Obras Completas de Sigmund Freud, v. VIII. Tradução de Luis Alberto Hanns. Rio de Janeiro: Imago, 1996. (Originalmente publicado em 1905).

FREUD, Sigmund. *Delírios e sonhos na Gradiva de Jensen.* Edição Standard Brasileira das Obras Completas de Sigmund Freud, v. IX. Tradução de Luis Alberto Hanns. Rio de Janeiro: Imago, 1996.

FREUD, Sigmund. *Cinco Lições de Psicanálise.* Edição Standard Brasileira das Obras Completas de Sigmund Freud, v. XI. Tradução de Luis Alberto Hanns. Rio de Janeiro: Imago, 1996.

FREUD, Sigmund. *Artigos sobre técnica.* Edição Standard Brasileira das Obras Completas de Sigmund Freud, v. XII. Tradução de Luis Alberto Hanns. Rio de Janeiro: Imago, 1996.

FREUD, Sigmund. *A história do movimento psicanalítico.* Edição Standard Brasileira das Obras Completas de Sigmund Freud, v. XIX. Tradução de Luis Alberto Hanns. Rio de Janeiro: Imago, 1996.

FREUD, Sigmund. *O Ego e o Id*. Edição Standard Brasileira das Obras Completas de Sigmund Freud, v. XIX. Tradução de Luis Alberto Hanns. Rio de Janeiro: Imago, 1996.

FREUD, Sigmund. *Prefácio a Juventude Desorientada, de Aichhorn*. Edição Standard Brasileira das Obras Completas de Sigmund Freud, v. XIX. Tradução de Luis Alberto Hanns. Rio de Janeiro: Imago, 1996.

FREUD, Sigmund. *A Questão da análise leiga: Conversações com uma pessoa imparcial*. Edição Standard Brasileira das Obras Completas de Sigmund Freud, v. XX. Tradução de Luis Alberto Hanns. Rio de Janeiro: Imago, 1996.

FROMM, Erich. *O Medo à Liberdade*. 14a ed. Tradução de Octavio Alves Velho. Rio de Janeiro: Jorge Zahar Eds., 1983.

GANS, Steven. *Awakening to Love: R.D. Laing's Phenomenological Therapy*. Psychoanalytic Review, v. 87, pp. 527-547, 2000.

GORDON, Kate. *Memory Viewed as Imagination*. Journal of General Psychology, v. 17, p. 113, 1937.

GRAVES, Robert. *Collected Poems*. Garden City: Doubleday, 1958.

GREENSON, Ralph. *The Technique and Practice of Psychoanalysis, Vol. 1*. New York: International Universities Press, 1967.

GROTH, Miles. Human Being and Existence. The Beginnings of and Existential Psychology. *Review of Existential Psychology and Psychiatry*, v. 22, n. 1-3, pp. 116-140, 1995.

GROTH, Miles. The Background of Contemporary Existential Psychotherapy. *The Humanistic Psychologist*, v. 27, n. 1, pp. 15-22, Spring 1999.

GROTH, Miles. Existential Psychotherapy Today. *Review of Existential Psychology and Psychiatry*, v. 25, n. 1-3, pp. 7-27, 2000.

GROTH, Miles. The Body I Am: Lived Body and Existential Change. In: SPINELLI, Ernesto & MARSHALL, Sue (eds.). *Embodied Theories*. London: Continuum, 2001.

GROTH, Miles. *Laing's Presence*. Janus Head, v. 4, n. 1, pp. 170-186, 2001.

GROTH, Miles. Therapeutic Revalidation in Existential Analysis. *Journal of the Society for Existential Analysis*, v. 13, n. 1, pp. 144-158, 2002.

GROTH, Miles. Review of Martin Heidegger, 'Zollikon Seminars: Protocols Conversations'. *Journal of the Society for Existential Analysis*, v. 13, n. 1, pp. 164-166, 2002.

GROTH, Miles. *Translating Heidegger.* Amherst, NY: Humanity Books, 2004.

GROTH, Miles. An International Bibliography of the Writings of Medard Boss 1929-2002. *Review of Existential Psychology and Psychiatry*, v. 30, n. 2, 2007.

GROTH, Miles. Cognitive-behavioral therapy and existential analysis: Reflections on current psychiatric training and practice in the United States. *Existential Analysis*, v. 21, n. 2, pp. 309-319, 2010.

GROTH, Miles. *After Psychotherapy: Therapeutic Phenomenology and the Return of the Therapeut.* EUA: CreateSpace Independent Publishing Platform, 2017.

HALL, M. H. *A conversation with Medard Boss.* Psychology Today, v. 2, n. 7, pp. 58-65, 1968.

HEIDEGGER, Martin. O Conceito de tempo. Tradução de Marco Aurélio Werle. *Cadernos de Tradução USP*, v. 2, pp. 6-39, 1997.

HEIDEGGER, Martin. The Problem of reality in Modern Philosophy. In: VAN BUREN, John (ed.). *Supplements. From the earliest Essays to being and Time and Beyond.* Albany: SUNY Press, 2002.

HEIDEGGER, Martin. *Was heisst Denken?.* Gesamtausgabe, 8. Frankfurt am Main: Verlag Vittorio Klostermann, 2002.

HEIDEGGER, Martin. Da Essência da Verdade. In: *Ser e Verdade.* Tradução de Emmanuel Carneiro Leão. Petrópolis: Vozes, 2007.

HEIDEGGER, Martin. *Marcas no Caminho.* Tradução de Enio Paulo Giachini e Ernildo Stein. Petrópolis: Vozes, 2008.

HEIDEGGER, Martin. *Os Seminários de Zollikon: Protocolos, Diálogos, Cartas.* [1959-1969]. Boss, Medard (ed.). 2ª ed. Tradução de Gabriela Arnhold e Maria de Fátima de Almeida Prado. Petrópolis, RJ: Vozes, 2009.

HEIDEGGER, Martin. *Fenomenologia da Vida Religiosa*. Tradução de Enio Paulo Giachini, Jairo Ferradin e Renato Kirchner. Petrópolis: Vozes, 2010.

HEIDEGGER, Martin. *Ser e Tempo*. Edição Bilingue. Tradução de Fausto Castilho. Petrópolis: Vozes, 1927/2012.

HEIDEGGER, Martin. *Platão: o sofista*. Tradução de Marco Antonio Casanova. Rio de Janeiro: Forense Universitária, 2012.

HEIDEGGER, Martin. *Os Conceitos Fundamentais da Metafísica: Mundo, Finitude, Solidão*. Tradução de Marco Antonio Casanova. Rio de Janeiro: Forense Universitária, 2003.

HELLER, Agnes. *"Living with Kierkegaard"*. Enrahonar, v. 29, pp. 73-74, 1998.

HERON, John. The Phenomenology of Social Encounter: The Gaze. *Philosophy and Phenomenological Research*, v. 31, pp. 243-264, 1971.

HOBBES, Thomas. *Leviatã ou Matéria, forma e poder de uma república eclesiástica e civil*. Tradução de João Paulo Monteiro e Maria Beatriz Nizza da Silva. São Paulo: Martins Fontes, 2003. (Originalmente publicado em 1651).

HOWARTH-WILLIAMS, Martin. *R.D. Laing. His Work and Its Relevance for Sociology*. London: Routledge & Kegan Paul, 1977.

HUSSERL, Edmund. *Phenomenological Psychology*. The Hague: Martinus Nijhoff, 1977.

ILLICH, Ivan. *A Expropriação da Saúde – Nemesis da Medicina*. 3ª ed. Tradução de José Kosinski de Cavalcanti. São Paulo: Ed. Nova Fronteira, 1977.

INWOOD, Michael. *Dicionário Heidegger*. Tradução de Luísa Buarque de Holanda. Rio de Janeiro: Jorge Zahar Editor, 1999.

KAISER, Hellmuth. *Effective Psychotherapy*. New York: Free Press, 1965.

KIERKEGAARD, Søren. *"Den Existerende"*. Concluding Unscientific Postscript [1846]. Princeton: Princeton University Press, 1941.

KIRK, Stuart & KUTCHINS, Herb. *The Selling of DSM: The Rhetoric of Science in Psychiatry*. New York: Aldine de Gruyter, 1992.

KIRSNER, Douglas. *Unfree Associations. Inside Psychoanalytic Institutes.* New York: Jason Aronson, 2009.

KISIEL, Theodore. Existenz in Incubation on the Way Toward Being and Time. In: BABICH, Babette E. (ed.). *From Phenomenology to Thought, Errancy, and Desire*, pp. 89-114. Dordrecht: Kluwer, 1995.

LACAN, Jacques. *Escritos.* Tradução de Vera Ribeiro. Rio de Janeiro: Jorge Zahar, 1998.

LAING, Adrian. *R.D. Laing: A Biography.* London: Owen, 1994.

LAING, Adrian. *R.D. Laing: A Life.* London: Laing Press, 2008.

LAING, Ronald David. *O Eu Dividido.* 2ª ed. Tradução de Áurea Brito Weissenberg. Petrópolis: Vozes, 1975. (Publicado originalmente em 1960).

LAING, Ronald David. *O Eu e os Outros.* Tradução de Áurea Brito Weissenberg. Petrópolis: Vozes, 1972. (Publicado originalmente em 1961).

LAING, Ronald David. *A Política da experiência e a Ave-do-Paraíso.* Tradução de Áurea Brito Weissenberg. Petrópolis: Vozes, 1978. (Publicado originalmente em 1967).

LAING, Ronald David. *Wisdom, Madness, and Folly.* New York: McGraw-Hill, 1985.

LAING, Ronald David. The use of existential phenomenology in psychiatry. In: ZEIG, Jeffrey (Ed.), *The Evolution of Psychotherapy*, pp. 203-210. New York: Brunner/Mazel, 1987.

LAING, Ronald David; COOPER, David. *Razão e Violência.* Tradução de Áurea Weissenberg. Petrópolis: Vozes, 1976. (Publicado originalmente em 1971).

LUIJPEN, William A. *Introdução à Fenomenologia Existencial.* Tradução de Carlos Lopes de Mattos. São Paulo: Editora Pedagógica e Universitária Ltda, 1973.

MAY, Rollo; ELLENBERGER, Henry F.; ANGEL, Ernest. (Orgs.). *Existence: A new dimension in Psychiatry and Psychology.* New York, NY: Basic Books, 1958.

MENG, Heinrich; FREUD, Ernest L. (Eds.). *Psychoanalysis and Faith. The Letters of Sigmund Freud and Oskar Pfister.* New York: Basic Books, 1963.

DE LA METTRIE, Julien Offray. *Man a Machine*. Tradução de G. C. Bussey e M. W. Calkins. Chicago: Open Court, 1921.

MEZAN, P. After Freud and Jung, Now Comes. R.D. Laing. Pop-Shrink, Rebel, Yogi, Philosopher-King? Latest Incarnation of Aesculapius, *Esquire*, January 1972, pp. 92-97, 1972.

MINKOWSKI, Eugene. *Lived Time*. Evanston: Northwestern University Press, 1970. Originalmente publicado em 1933.

MULLAN, Bob. *Mad to Be Normal*. London: Free Association Books, 1996.

MULLAN, Bob. *R.D. Laing. Creative Destroyer.* London: Cassell, 1997.

MULLAN, Bob. *R.D. Laing. A Personal View*. London: Duckworth, 1999.

NIETZSCHE, Friedrich. *O Anticristo*. Tradução de Antonio Carlos Braga. São Paulo: Ed. Escala, 1920.

PERLS, Fritz; HEFFERLINE, Ralph; GOODMAN, Paul. *Gestalt-Terapia*. São Paulo: Summus, 1997. Originalmente publicado em 1951.

PIAGET, Jean; INHELDER, Bärbel. *A Psicologia da Criança*. Tradução de Octavio Mendes Machado. Bertrand Brasil, 2003. (Originalmente publicado em 2000, *The Psychology of the Child*. New York: Basic Books).

PORTERFIELD, Amanda. *Healing in the History of Christianity*. New York: Oxford University Press, 2005.

ROGERS, Carl. *Terapia Centrada no Cliente*. Tradução de Cecília Camargo Bartalotti. São Paulo: Martins Fontes, 1992. (Originalmente publicado em 1951).

RUBERCY, Eryck; LE BUHAN, Dominique. (Eds.). *Douze Questions posed à Jean Beaufret à propos de Martin Heidegger*. Paris: Aubier Montaigne, 1983.

SAFRANSKI, Rüdiger. *Heidegger: Um Mestre da Alemanha entre o Bem e o Mal*. Tradução de Lya Luft. São Paulo: Geração Editorial, 2000.

SARTRE, Jean-Paul. *Existential Psychoanalysis*. Tradução de Hazel Barnes. New York: Philosophical Library, 1953.

SCHNEIDER, Kirk. *R.D.* Laing's Existential-Humanistic Practice: What Was He Actually Doing? *Psychoanalytic Review*, 87, pp. 591-600, 2000.

SCHOLEM, Gershom. *On the Kaballah and Its Symbolism*. Nova Iorque: Schocken, 1996.

SCHUTZ, Alfred. Some Leading Concepts of Phenomenology. In: SCHUTZ, Alfred. *Collected Papers*, Vol. I, pp. 99-117. The Hague: Martinus Nijhoff, 1962.

SPIEGELBERG, Herbert. *Phenomenology in Psychology and Psychiatry, A Historical Introduction*. Evanston: Northwestern University Press, 1972.

SPINELLI, Ernesto. *Tales of Un-knowing: Eight Stories of Existential Therapy*. New York: New York University Press, 1997.

STEDMAN, Thomas Lathrop. *Dicionário Médico*. 27ª ed. São Paulo: Guanabara Koogan, 2003.

SZASZ, Thomas. *O Mito da Doença Mental*. Rio de Janeiro: Zahar, 1979.

SZASZ, Thomas. *The Myth of Psychotherapy: Mental Healing as Religion, Rhetoric, and Repression*. Syracuse: Syracuse University Press, 1974.

SZASZ, Thomas. *The Therapeutic State: Psychiatry in the Mirror of Current Events*. Amherst: Prometheus Books, 1974.

TAYLOR, Joan E.; DAVIES, Philip R. The so-called Therapeutae of De Vita Contemplativa: Identity and character. *Harvard Theological Review*, v. 91, n. 1, p. 3-24, 1998.

TELLENBACH, Hubert. *Melancholia*. Pittsburgh: Duquesne University Press, 1980.

THOMPSON, M. Guy. The Existential Dimension to Termination. *Psychoanalysis and Contemporary Thought*, v. 17, p. 355-386, 1994.

THOMPSON, M. Guy. Deception, Mystification, Trauma: Laing and Freud. *Psychoanalytic Review*, v. 87, p. 827-847, 1996.

THOMPSON, M. Guy. The Fidelity to Experience in R.D. Laing's Treatment Philosophy. *Contemporary Psychoanalysis*, v. 33, p. 595-614, 1997.

THOMPSON, M. Guy. Existential Psychoanalysis: A Laingian Perspective. In: MARCUS, Paul R.; ROSENBERG, Alan

(Eds.). *Psychoanalytic Perspectives on the Human Condition*. New York: New York University Press, 1998. p. 332-361.

THOMPSON, M. Guy. The Heart of the Matter: R.D. Laing's Enigmatic Relation with Psychoanalysis. *Psychoanalytic Review*, v. 87, p. 483-509, 2000.

VAN DEN BERG, Jan Hendrik. *Things: Four Metabletic Reflections*. Pittsburgh: Duquesne University Press, 1970.

VAN DEN BERG, Jan Hendrik. *Phenomenology and Metabletics*. Humanitas, v. 6, n. 3, p. 279-290, winter 1971.

VON GEBSATTEL, Viktor Emil. *The meaning of medical practice*. Theoretical Medicine, v. 16, n. 1, p. 59-72, 1995.

WARNOCK, Mary. *Memory*. London: Faber and Faber, 1987.

WELIE, Jos V. Viktor Emil von Gebsattel on the doctor-patient relationship. *Theoretical Medicine and Bioethics*, v. 16, n. 1, p. 41-58, 1995.

WINNICOTT, Donald W. *Da Pediatria à Psicanálise*. Tradução de Davi Bogomoletz. Rio de Janeiro: Ed. Imago, 2000. Publicado originalmente em 1958.

Filmografia

ELLIOT, M. *Eros, Love & Lies*. Cooper Station: Mystic Fire Video (VHS), 1990.

MILTON ERICKSON FOUNDATION. *Existential Psychotherapy*. Phoenix: The Milton Erickson Foundation (DVD), 1985.

ROBINSON, P. *Approaches*. New York: Kino Video (DVD), 1974.

SHANDEL, T.; TOUGAS, K. *Did You Used to be R.D. Laing?* Santa Monica: Direct Cinema (DVD), 1989.

Construindo ideias
e conectando mentes

Este livro foi composto com tipografia Bembo
e impresso em papel Pólen Soft 80g.
na Gráfica Formato em outubro de 2023.